产权的逻辑

卫祥云◎著

中信出版社 · CHINACITICPRESS · 北京 ·

图书在版编目（CIP）数据

产权的逻辑/卫祥云著.—北京：中信出版社，2014.9
ISBN 978-7-5086-4715-9
I.①产… II.①卫… III.①产权－经济体制改革－研究－中国 IV. F121
中国版本图书馆CIP数据核字（2014）第170482号

产权的逻辑

著　　者：卫祥云
策划推广：中信出版社（China CITIC Press）
出版发行：中信出版集团股份有限公司
　　　　　（北京市朝阳区惠新东街甲4号富盛大厦2座　邮编　100029）
　　　　　（CITIC Publishing Group）
承 印 者：北京通州皇家印刷厂

开　　本：787mm×1092mm　1/16　　印　　张：15.75　　字　　数：206千字
版　　次：2014年9月第1版　　印　　次：2014年9月第1次印刷
广告经营许可证：京朝工商广字第8087号
书　　号：ISBN 978-7-5086-4715-9 / F · 3235
定　　价：49.00元

目 录

前 言

求解产权改革 /VII

第一章 **产权改革的逻辑**

中国经济的问题与伪问题 /003

中国产权改革在曲折中前行 /007

以产权约束“短期行为” /011

第二章 **土地改革须厘清产权**

土地二元制的顽疾 /017

土地改革不等于土地私有化 /023

厘清土地所有权，释放改革红利 /026

第三章 **产权混乱的集体所有制土地**

土地改革争论存在误区 /033

“集体所有制”悖论 /036

终结集体所有制概念 /038

土地能否私有化？ /041

南街村模式的真相与悖论 /048

第四章　合理预期混合所有制

权力游戏：国企改革的历史与现实　/057
品读《决定》关于国企改革的思路　/068
混合所有制比股份制高明吗？　/073
混合所有制改革的广东模式　/077
国企改革五大问题的新思路　/081

第五章　超越国企改革深水区

国企改革的终极目标是什么？　/103
该不该把国有资产均分给老百姓？　/106
国企改革的问题："国进民退"还是"国退民进"　/110
深化国企改革的五大误区　/117

第六章　顶层设计与国企改革的逻辑

做好顶层设计，切莫空谈改革　/123
经济学家如何参与顶层设计？　/140
如何顶层设计国企改革？　/144
产权因素与企业家才能发挥　/148

第七章　国企改革的分类管理

国企分类管理牵住改革牛鼻子　/169
深化对国企分类管理的认识　/174
国企只有临摹式的现代企业制度　/180
要对国企高管实行准公务员管理　/189

第八章　打破垄断实现改革突破

"垄断"与"竞争"　/197
银行业改革须找准突破口　/201
"文化国企"的改革须知　/205

后　记

30年弹指一挥间　/207

附　录

直面国企改革十问　/211

求解产权改革

经济学家周其仁教授在哥伦比亚大学发表演讲时指出，中国改革开放的历史就是“一部产权改革的历史”和“正在进行的产权改革的过程”。周其仁的观点深刻精准，我深以为然。在中国改革开放的历程中，国企的产权、土地产权，及其衍生出的房地产产权的改革一直是改革的重头戏。改革开放以来，国企产权改革与土地产权改革一直在曲折中前行，30 多年来一步一踟蹰，有明显的进步，但也有很多问题。

十八届三中全会的召开，是中国改革开放进程中又一里程碑事件。全会通过了《中共中央关于全面深化改革若干重大问题的决定》(以下简称《决定》)，国有企业改革和农村土地制度改革成为全面深化改革的难点和热点，同时也是改革的重中之重，牵一发而动全身，均与产权改革的逻辑密切相关。可以说，十八届三中全会的召开标志着中国的产权改革进入了一个极为关键的机遇期。能否把握好这个机遇将决定中国改革的大未来。

本书试图从产权改革的视角对国企和土地等重大领域的改革问题进行梳理，道出产权改革的本质，提出产权改革的思路，画出国企改革、土地改革的路线图，以期为关注产权改革的读者做一点提示性的工作。

国企产权改革

国企产权改革是本书论述的重点。国企的混合所有制改革无疑是《决定》的一个亮点。《决定》再次重申和强调要加快混合所有制的改革。混合所有制的再次提出和倡导，引发了理论界、实业界和各种民间智库的广泛议论，其中不乏巨大的争议。

论及混合所有制的好处，全国两会期间，有位经济学家站在国有资本和国有企业立场上的观点解读令人深思。其大谈特谈国有资本在股权分散的情况下可以 1 000 万元控股 4 000 万元，并称这种方法对各种所有制都适用，并非国有资本的专利。这种解读如果出自他人尚好理解，因为其他行业的人未必都具备经济学常识，但此言论的发声者正是开创中国股份制改革的第一人。在讨论经济问题时，普及基本常识是何等重要和必要！关于这方面的解读，中国石化董事长傅成玉的回答令人信服："民营企业参股中石化没有所谓的比例限制。"国有企业应该多一些懂经济、会管理的企业高管。

混合所有制是指财产权分属于不同性质所有者的经济形式，既非所有制，也不是所有制的有效实现形式。《决定》中再次提出和肯定了混合所有制，意图非常明确。主要有三个方面的含义：一是不搞所有制的歧视，各种所有制一律公平竞争；二是各种所有制企业可以互相持股和参股，至于谁控股，当然是资本说了算；三是在国有企业控股（绝对和相对）的情况下，允许搞员工持股。按照《决定》精神，在实行和大力提倡混合所有制以后，所谓的“国进民退”和“国退民进”之争则没有必要继续下去了。因此，《决定》引发的关于混合所有制的广泛讨论和争议，实际上是中国在改革开放30多年后关于产权逻辑的理论寻根和实践探源。

关于混合所有制，本书在第四章“合理预期混合所有制”中会有更为详细的讨论。

谈及混合所有制，应首先回顾一下国企改革的历程。回望20世纪80年代，我们可以看到，国有企业的战线拉得很长，包括几乎所有的行业。这些国企几乎覆盖了经济社会的方方面面，无所不包，无所不能。这种所谓的全民所有制和集体所有制占主导的体制，让计划经济一统天下。这种产权制度完全不合逻辑，天然地排斥私有产权。正是体制与人为因素对产权逻辑的破坏，敲响了中国改革的警钟。在本书第一章“产权改革的逻辑”和第五章“超越国企改革深水区”中，我们对国企改革的历程进行了梳理，在这里只做简单的介绍。

其实，1978~1998年，中国的国有企业改革试图绕过产权改革的实质问题，最终没能成功，也引发了诸多问题和矛盾。到十五大和十五届四中全会时，国企改革才开始触及产权问题，明确了国有企业和国有资产有进有退的改革思路。这一时期的改革取得了一些成就，但也出现了一系列的问题。最终，国企改革在这些问题的羁绊下几乎陷入停滞。1998~2013年，国企改革与国企管理体制改革几乎是进一步、退两步，现代企业制度也没能建立起来。

难得的是，《决定》重提混合所有制，为国企产权改革提供了一个难得的机遇。可以说，35年的国企改革终于走出了曲折前进、一进二退的老路，走上了真正实现产权明晰、产权归民的正确道路。

除了上述这些内容外，本书还涉及国企改革具体领域的很多问题，如国企改革的顶层设计、国企改革的分类管理，以及对竞争与垄断的认识等内容，部分内容曾经在我的另一本书《国企改革新思路》中出现过。这些内容极为重要，因此在本书中再次收录以示强调。表面看，这些内容与产权改革好像关系不大，实质上，这些内容与产权改革有着直接或间接的关系。中国的国企改革本质上就是产权改革，顶层设计、分类管理都属于术的层面，是从技术角度改革国企产权的手段。因此，宏观来看，本书涉及的国企改革的内容，都可以归入产权改革的大范畴内。

土地制度的产权改革

土地制度的改革也是本书的重要内容，在本书的前三章，我们有好几篇文章是深入探讨该问题的。在目前阶段，中国土地制度改革主要针对的是农村土地集体所有制。然而，农村土地所有制的改革一直存在很多争议。我在第三章“产权混乱的集体所有制土地”中指出：集体所有制是公有制的一种实现形式，通常是指劳动群众共同所有的制度，但集体所有制又存在非常大的不确定性，因为集体所有制组织中的人员处在不断变化之中，如果集体所有制是以资本为纽带的经济实体，那么其资产可以通过买卖交易。如果允许集体所有制中的个人资产交易变现，那么这种集体所有制就成了实际上的股份制；如果不允许集体所有制中的个人资产交易变现，那么这种所有制形式随着时间的推移和其中人员的不断变化，也就名存实亡，或者叫自行消亡了。在本书中，我将这种现象称为“集体所有制”悖论。历史来看，终结集体所有制是早晚的事。

为了使中国目前的土地制度改革少走弯路，不妨参照部分国家土地所有制的现状，开阔关于土地制度改革讨论的视野。

美国是实行土地私有制的典型国家，其59%的土地为私人所有，39%为公有。公有土地中，32%为联邦政府所有，7%为州及地方政府所有。还有2%为印第安人的保留地，是专门辟给原来美洲的土著居民的。天则经济研究所盛洪教授提供的研究资料表明：美国虽然有土地规划和用途管制，但仅限于联邦所有的土地；各洲和私人拥有的土地，不在土地用途和规划管制之列，产权约束力很强。

英国的所有土地都属国家所有，但只是名义上的所有权，所以，英国90%左右的土地私人拥有永久使用权。

日本实行土地私有制。其中个人所有占57%，法人所有占8%，国家和地方公共场所所有占35%。为保护优良农地，日本对公私农地都实行用途管制。

加拿大的土地名义上属英国女王所有，但实际上大部分土地归私人所有。联邦政府、省（北方地区）及市政府都拥有土地，即国家所有。为了公共利益，加拿大政府拥有向私人收回土地的强制权和用途管制权。

越南全部土地归国有，由县政府代表国家统一向农民发包，承包期为99年。

借鉴以上国家的经验，虽然各国的土地产权所有制存在较大差异，但都没有集体土地所有制。土地产权要么归国家所有，要么归地方政府所有，要么归私人所有，完整而清晰。因此，中国完全可实行国有和私有两种土地制度，改革或取消集体土地所有制。当然，实行集体土地私有化改革后，可实行一定的用途管制，即私人拥有在自己土地上做什么的自由，国家拥有不能做什么的用途管制权。两者并不矛盾。当然，这种规划与用途管制必须建立在尊重产权的基础上。

考虑到目前中国土地制度改革的现状及难度，可借鉴不同国家的做法和实践，从建立若干个土地改革试验特区开始，总结经验，吸取教训，逐步推进，渐渐形成比较成熟的改革思路。

房地产的产权改革

中国房地产的产权改革，主要是土地制度的产权改革。而中国的土地制度分为国有和集体所有。按照目前中国的宪法，集体土地只有转为国有土地以后才可以用于房地产开发。在没有把集体土地转化为国有土地以前，在集体所有土地上建造的房屋属于非法建筑，被称为“小产权房”。实际上小产权房就是无产权房。因此，在中国经常出现“强拆”“强征”等行为。十八届三中全会以后，全国各地对小产权房的政策出现了分别对待现象，如北京就有“拆除”和“部分小产权房转为集体所有的出租房”等过渡政策。

所以说，研究中国的房地产产权问题，一是离不开土地产权，二是主要研究对象应是国有土地上的房地产。这样，土地的所有权和使用权就成了研究房地产产权的核心问题，也是实质问题。对此，主要得先将现有的70年土地使用权转为长期使用权。解决了土地70年使用权问题，就等于解决了房地产的永久使用权问题，也等于解决了现有房地产产权不清的问题。在此基础上，有关征收房地产税和遗产税问题的讨论都可提上议事日程。同时，房地产产权问题也与现有物业法中关于居民住宅使用权70年后自动续期的表述相一致。

值得关注的是，十八届三中全会以后，关于征收房地产税的试点工作已暂停，取而代之的是加快房地产税的立法建设。这既可以看作对过去房地产税试点工作不得要领的否定，又可以看作对《决定》精神的深刻领会和对制定政策可行性的肯定。应该相信，随着各项立法、修法工作的开展和完善，中国的房地产产权和土地产权问题将得到顺利解决。

结语

通过分析国有企业、土地制度和房地产的产权改革等诸多因素，可见厘清产权的逻辑并尊重产权的逻辑，对中国社会发展和经济改革而言是何等重要和必要。正因为该问题如此重要，所以我们智石经济研究院的团队才决定策划出版这本书。

本书的主要内容来自我近一两年公开发表的部分论文和评论文章。智石团队根据一定的逻辑顺序，进行整理和编排，最终成书。我希望，这本书能够让更多的人，包括但不限于经济学者、决策者，对中国改革的逻辑及中国产权改革的逻辑有一个更为全面和直观的认识。自古立言难，我并不奢望本书能大卖，只希望它能为一部分读者答疑解惑。若本书某个观点能对读者有所帮助或提示，也就没枉费我们智石团队的一番心思。

寥寥数语为前言，精彩内容尽在正文中。

第一章 产权改革的逻辑

近年来，中国经济问题成为国内外学者讨论的热点，各种观点竞相呈现，其中不乏唇舌之争，而多数争论都是“公说公有理，婆说婆有理”。无论是对公平正义的呼唤，还是对民生问题的呐喊，其背后都离不开转型过程中的经济改革问题。而中国经济改革的本质，说一千道一万，逃不过、离不开、躲不过产权改革。中国产权改革的逻辑归根到底是产权到民。能不能将产权改革进行到底，决定了中国改革的深度与广度。只有土地、房产、国企的产权清晰，归属明确，中国经济的白帆才能在更广阔的海域破浪前行。

中国经济的问题与伪问题

自2008年始于美国的全球金融危机爆发以来，关于中国经济问题的研究受到了世人瞩目。从“华盛顿共识”到“北京共识”，再到“中国模式”，讨论声不绝于耳，尤其是中国国内经济学界关于“硬着陆”与“软着陆”的讨论，派生出了垄断与竞争之辩、特权与权利之争、寻租体制与公平竞争的矛盾等问题，由此也衍生出一系列“左右”之别、“革命与改革”之比较、“民主与民生”之关系的论辩。不难发现，纷繁复杂的经济和社会生活折射出了中国经济亟须研究或必须解决的一些问题，同时也有某些学者热衷于研究一些违背常识的伪问题。那么，经济学应该研究什么？经济学家应该追求什么？

首先，谈一点对土地改革问题的看法。我国目前的土地所有制分为两种：国有和集体所有。国家最近对集体土地所有权、集体土地使用权和农民宅基地所有权进行了确权登记。按照官方数字统计，目前这三项土地确权工作覆盖率已达70%以上。虽然，该项工作在推进过程中受到了某些地方政府的阻力，但总体进展还是比较顺利的。在以上三项土地确权工作中，除农民宅基地确权是所有权到家庭外，其他两项应该是把所有权和使用权确权到“村”或更低一级的“集体组织”。目前的政策和改革的逻辑，应该说是我国土地政策或农村集体土地所有制改革的一大突破，也可以说是一项直面现实和矛盾，实事求是地解决集体土地所有权问题的大胆举措。

目前各地确权的进展情况，至少可以给我们的研究两点启示：一是在遵守现有宪法的大原则下，承认土地改革的二元思维，并拉开了土地确权的序幕，为今后更加深入的土地改革探索留下了空间；二是搁置争议先改革，遇到问题再完善。就政策推进的路径选择和可操作性而言，应该说是积极稳妥的。但是，作为一项土地改革政策的研究，就不能到此为止。我个人认为，目前应该就以下两个方面进行有益的探索和研究。

第一，目前的三种确权均未涉及“产权到人”的改革，这为今后土地改革的进一步深化埋下了重重隐患。如果说，目前的确权改革因意识形态所囿难以突破，那有关集体所有制的土地确权为什么不能创新？当然，我也看到了某经济学家发表的“小产权房就应该合法化”的观点。但我认为，这样带有情绪化的言论似乎不利于问题的研究解决。

第二，现有的集体土地，确权以后只能转让，不能等价交换或买卖，也就是说，土地的真正价值或实际价值不能实现或不会实现。而要实现只有一种可能：通过不等价（征地）交换卖给开发商。请注意，开发商只是把集体土地转为国有土地的代理人。确权以后的土地可以出售（征地），但买家只能是各级政府。由此可以认为，土地由国家垄断的事实并不会发生任何改变。

谈到土地改革问题，不能不提房地产问题。目前房地产问题主要表现为：房价过高，与老百姓的收入相比，人人有房、“居者有其屋”似乎仍是水月镜花，可望不可即。但要降房价，最主要的还在于土地问题。任志强先生表示，目前的房价构成中，政府的土地收入和各项费用占去了70%。为了平息老百姓对房价高的怨气，为了维稳，政府出台了“限购”“限贷”和“限价”为主的三限宏观调控政策。且不说三限政策严重违反了市场逻辑，留下了许多后遗症，仅就宏观调控而言，以北京为例，今年的商品房价格与去年相比，至少上涨了10%。北京五环以外的房产价格有所下降，但几乎没人去买，与之相伴的是房租价格普遍上涨。活生生的现实告诉我们：不通过土地改革做文章，政府不减税费，房价就不会下降。可以预料，如果开征房产税，房价必然进一步上涨，信不信咱可以走着瞧。

接下来，谈一谈对国有企业改革问题的看法。国有企业改革是中国经济体制改革的一个重要方面，也与政治体制改革密切相关。应该说，到目前为止，我国国有企业改革的成绩是有目共睹的，尤其在减员增效、抓大放小、解决历史遗留问题、明晰产权和建立现代企业制度等方面可谓功不可没。但历史是历史，成绩归成绩，目前存在的问题和需要进一步改革的工作也还有很多。近几年，我曾围绕国有企业改革中“分类管理、统一出资、行业监管、阶段推进和产权到民”五个不能回避的问题发表了系列文章，但有些问题到现在仍然没有解决好。政府部门和学者之间还存在一些不同的看法和意见。对这些问题，还需要进一步关注，认真研究。唯有如此，才能使真理越辩越明，以指导国企改革的深入发展和政策的完善。

大家知道，收入分配制度的改革是目前公众关注的一大热点，而我认为，国有企业现行的管理体制存在着明显的分配不公。这本是应该解决的，但我们却在刻意回避这一问题。比如，中央党校某教授一方面认为国有企业没有什么可改的了，因为中央已有明确政策，另一方面又认为，国有垄断企业无法判断其管理人员的收入是否与其劳动付出相称，对于其管理人员的高薪又感到明显的不合理。一名中央党校的教授都不能自圆其说，我们又怎么能埋怨日理万机的高层决策者呢？这种现象，难道还不足以使我们警醒，认真研究国有企业的重大问题吗？

最后，我想谈点对中国经济伪问题的看法。忠言逆耳，任人评说。我曾发表文章指出：中国经济在宏观调控中遭遇了流动性风险，中国经济的高速发展遇到了中等收入瓶颈，中国的城市化出现了诸如人口自由迁徙和土地制度改革等现实问题……意在启发研究思路，寻求解决问题的良策。但我也认为，目前对中国经济的研究存在一些伪问题，不仅影响了经济研究工作的严肃性，也直接助长了一些浮躁风气的形成和蔓延。种种迹象表明，在中国经济和政治体制改革的重要关头，我们政府智库的学风确实需要改一改了。民间智库的各种研究都是自掏腰包，力求言之有理，政府智库的专家可是用纳税人的钱供养的，岂能把研究中国经济的伪问题当作职业呢？

中国产权改革在曲折中前行

回顾十一届三中全会召开至今35年的改革历程，我们可以发现一个规律：不管是思想观念的变革，还是经济体制的改革，甚至政治体制的改革和推进，都是在迂回中前进的，有时候还不能排除进一步、退两步的改革情形。但从最终的结果来看，还是大大往前推进了。此可谓：历史潮流不可挡，改革没有回头路，只有未来能给出正确与否的结论。

从十一届三中全会提出“实事求是，解放思想，团结一致向前看”的思想观念转变开始，一直到1992年邓小平“南方谈话”，我们的改革一直是在“摸着石头过河”，最后终于实现了思想路线上的拨乱反正，从理论上为后来中国的各项改革奠定了基础。而思想解放和政治体制改革的伟大推动者邓小平也以此丰功伟业彪炳史册。

全球瞩目的国有企业产权改革是中国经济体制和政治体制改革的又一重大举措。1978~1998年，我们的改革对此摸索了整整二十年，但一直企图绕过产权改革的实质问题。十五大和十五届三中全会的召开，拉开了国企产权改革的序幕，明确了国有企业和国有资产有进有退的改革思路。后来在时任总理朱镕基主持的“抓大放小”的过程中，第一次实现了国有经济的大面积、大范围退出。虽然在改革过程中付出了一定代价，国家和人民为此交了不少学费，但终于迈出了产权改革的第一步。

改革的道路从来都不会一帆风顺。国企改革在取得阶段性成果的基础上，本应趁热打铁，更进一步。但1998~2013年的整整16年间，国企改革与国企管理体制改革基本上处于不进则退，或进一步退两步的状态。所谓的建立现代企业制度改革，在没有理清思路的情况下，变成了一种临摹式的花拳绣腿，很多改革举措要么不得要领，要么无法操作。尤其是在所谓利益集团的掣肘下，打着配合GDP（国内生产总值）增长的幌子，上演了一出又一出垄断加权力的“样板戏”。而样板戏的主角就是在各个领域全面出击的国企。这些国有企业享有获得贷款、资源垄断和行政垄断等特权，因而衍生出了一批暴富阶层，这批暴富阶层一度成为各级地方政府的座上宾，其地位远远超过官僚阶层，甚至催生出一幕幕官商勾结、“你方唱罢我登场”的拿手好戏。十五大和十五届四中全会确立的“国企产权改革”之路在没有分类管理的情况下，成了走不通的死胡同。人民群众对此看在眼里，急在心头，怨声不绝于耳。

我们不会忘记《决定》发布的那一天。举国上下在那一天忽然沸腾了，其原因就是《决定》道出了全国人民的心里话。仅就国有企业改革举措而言，前进的道路已经开通，改革的举措如此具体，还有什么理由可以停滞不前呢？如果说，“增强国有经济的活力、带动力、控制力”属于结果导向，不具有现实的操作性，那么，“准确界定不同国有企业的功能”，在自然垄断行业实行“政企分开，政资分开，投资管理和运营分开，放开竞争性业务”的改革举措是多么通俗易懂、简洁明白、与时俱进。当然，再加上中央全面深化改革领导小组的组织保障，国企改革真是遇上了千载难逢的好机会。但是，从全国和各地目前的改革推进情况来看，我认为远没有达到《决定》中提出的要求。或因对《决定》精神的领会不够，或因思想准备不足，出现了对改革的反应迟钝。但不管怎么说，国企改革在摸索了20年，又走了15年进一步、退两步的曲折道路之后终于破题。35年的迂回曲折虽然漫长，但今日终于踏上了改革的康庄大道，我们应该为此庆幸、欢呼。

但35年的迂回改革终究没有解决一个大问题，即土地制度改革。从1978年的家庭联产承包责任制到今天所谓的农地市场化和集体经营性建设用地入市改革来看，我们没有理由为之唱赞歌。35年绕来绕去，关于农村集体所有土地制度的改革仍然是“犹抱琵琶半遮面”，始终绕不出土地财政和不敢确立土地产权却又提出集体土地入市概念的怪圈，给当前和今后中国的土地制度改革乃至其他领域的改革埋下了重重隐患和诸多矛盾。我认为与其如此，还不如继续维持35年前就已确定的土地承包责任制现状，同时，鼓励我们的政府智库、民间智库和各界人士畅所欲言，潜心研究，以寻找更好的改革建议和意见，供决策者在最佳时间采纳并付诸实现。知错就改，知耻而后勇。

当然，现在还有学者提出“农民不需要土地所有权，而真正需要土地调整权”，但我真是不明白“土地调整权”是什么。如果连概念都搞不清楚，我们又怎么能搞好土地制度改革呢？看来，中国的土地制度真要改革到位，还颇费时日和周折，但我们没有理由不认真对待它、研究它。

以产权约束“短期行为”

近期，我国连续出现了桥梁垮塌、火车出轨、海上石油污染和食品安全事故等事件，令人恐惧不安。究其原因，是“短期行为”的行政理念、生活态度和工作态度导致了这种现象的层出不穷。而且这种情绪化的表现有一定的社会基础，在社会生活的各个领域有不断蔓延之势。如果我们的政府、企业和个人不能深刻反思这种现象，并采取实际行动予以扼制，我国的经济建设和全国人民的和谐生活将会受到严重的影响。因此，警惕和防止短期行为的蔓延，是我们需要认真研究并解决的严肃问题。

观察我们的现实生活，至少有以下现象属于短期行为。

执政理念的短期行为表现为“不在其位，不谋其政”。很多政策决策者只求在自己任期内保持相对稳定，凡是比较棘手、需要解决的重大问题一律往后拖，反正“革命自有后来人”。其行为贻误了改革的良机，把小问题拖成了大问题。长此以往，没问题也会变成问题。

制定政策的短期行为表现在表面文章做得多，实事求是的规划少。“十五”规划和“十一五”规划都提出了转变经济增长方式的要求。但这种只求形式、没有实际措施的规划并不能得到有效实施。从这个意义上讲，这种头痛医头、脚痛医脚的所谓五年规划也是一种短期行为。

房地产开发商的短期行为表现为把大量的物力和财力花在政府公关和寻求贷款上，一旦拿到土地和项目，则通过偷工减料、粗制滥造和拖欠工人工资等手段降低成本，交房了事，实际房产的平均寿命只有50年（70年产权）。

政府管理的短期行为表现为政府制定政策的随意性和所谓的管理创新。真正的创新，是新技术的大规模商业应用，创新者在市场上敏锐地捕捉商业机会，以出色的想象力和预见性开发出新产品，得到市场的承认，引导消费新潮流。创新的过程充满了风险，为了鼓励创新，社会必须保护创新者的知识产权，创造一个宽松的环境，允许甚至鼓励创新者的张扬个性和各种奇想。这些条件决定，创新主体只能是企业家，不能是政府，创新依靠的是制度，不是政策和规划。而政府管理是一种行政许可行为，必须在法律法规规定的范围内依法办事、依法管理，不能政出多门，朝令夕改，随心所欲。混淆行政管理与行业管理的区别，甚至制定无法实施的应急政策，会让被管理的单位和企业感到无所适从。食品安全监管是有关政府部门的大事，监管的重点是依法行政，而不是所谓的“监管创新”和“用重典”。否则，依法办案、依法查处就成了空话。

教育改革的短期行为表现为滥发文凭，硕士、博士帽子满天飞。尤其是国家机关工作人员、事业单位和国企管理人员，想设法弄个学术头衔，不学无术，不求实才，只为考核提拔时炫耀而已。这种短期行为蔓延导致的结果是用人单位聘人标准又回到了原点，唯第一学历是真。

从以上事例不难看出，在我们的现实生活中，短期行为还有很多种。政府为了抑制房价，就制定限购政策，给房地产长期健康发展留下了许多隐患。又如在一些领域频频出现的60岁贪腐现象，实际上就是短期行为在现实生活中的另类表现形式而已。

由此可见，短期行为作为一种行为模式，已严重浸入到我国政治和经济生活的各个角落，且有不断蔓延之势，对我国的改革开放和经济发展产生了严重的消解影响，如不加以扼制，将会贻害无穷。因此，从政府到企业到个人都要积极行动起来，自觉从我做起，坚决抵制短期行为的发生和蔓延。尤其是政府在制定大政方针政策时，要着眼于长远计划，尽量避免短期行为，特别注意培育约束短期行为的条件和环境。

首先，要认识到产权约束的重要性。古人云：有恒产者有恒心。中国封建社会的皇权体制维持了上千年，虽然争权夺利事件时有发生，但儿子可以继承老子权力的世袭制显然功不可没。这里有两个基本概念，一是短期行为会导致“江山不保”，二是短期行为有辱祖宗尊严。所以，在这两者的约束下，历代统治阶级会千方百计地致力于国家的长治久安。“他山之石，可以攻玉”，明确了产权约束的概念，对我们制定长期的发展政策有益无害。

其次，要认识到制度约束的迫切性。我们在改革开放初期奉行的策略是“摸着石头过河”，而“摸着石头过河”存在较大的随意性和不确定性，制定的一些政策不免存在短期行为的倾向。但现在我们已快到岸边了，必须从较大的随意性和不确定性中总结出一些规律性的东西。世界上许多国家长期性的制度安排应该成为我们学习的榜样。同时，在“摸着石头过河”以后，我们也应该认真总结一下造成短期行为的主要原因，下大力气从制度改革入手，解决我国政治、经济和社会生活中不利于国家发展和制度建设的弊病。只有这样，我们的政府、企业和个人才能各得其所，各从其事，和谐共处，实现长治久安。

最后，克服短期行为，要从重视建立个人信用开始。短期行为在社会经济生活中的蔓延趋势反映了日益深重的信任危机。但是，重视建立个人信用不等于重建个人信用。我完全不同意“重建个人信用”的提法。因为，在我们现实生活中，个人信用有被短期行为裹挟和绑架的现象，但整体上我们国家的信用并没有被击倒。而事实是，在我们国家的产权约束和制度约束尚存在许多不足和问题的情况下，我们的人民依靠中国的传统文化和道德维系了全社会的信用体系的完善和发展，这是与社会各种短期行为抗争的成果，也是促进国家发展的不竭源泉，实属不易。我们不应在呼吁建立产权约束和制度约束时忽略这一点。

第二章　土地改革须厘清产权

目前，中国的土地改革问题牵涉到产权改革，而产权改革又必然涉及公有和私有、公有制和私有制、公有化和私有化问题。马克思主义经典理论认为，社会主义是以公有制为主体，劳动人民当家做主的社会经济体制。中国的土地改革首先要厘清产权问题。什么是国有土地？什么是集体所有土地？集体所有土地最终归属如何？厘不清产权问题，所谓的农地市场化改革也无从谈起。确立改革的二元思维，明确集体所有土地的产权问题，在此基础上进行土地改革，才能释放土地改革的红利。同时，集体所有土地确权的过程，也是明确中国房地产产权的过程。

土地二元制的顽疾

什么是集体？一个人不能成集体，只能是个体（自然人）；两个人为合伙人，可称为两个人的集体；三个人或更多人称为集体就不难理解了，人少称小集体，人多称大集体。而不能称全国人民为全国大集体，因为全国人民代表的是国家。

厘清集体所有制概念

按照目前中国的宪法，中国的土地分为国家所有和集体所有两种。国有土地无疑属于全国人民，由国家代表全国人民持有和管理；集体所有土地无疑由本集体成员共同持有和管理。

由此可知，国有土地是永远不变的，因为其任何形式的租赁、赠予和交易都必须有全国人民的授权，即国家及法律的允许。而集体所有土地却是永远都在变化之中，因其持有人的不断变化，土地产权不断易主，在不断易主的过程中并不会发生任何交易行为。如果说有交易的话，目前只有卖给国家，转为国有土地这一种交易形式。根据现行宪法，虽然将土地转为国家所有是合法的，但这带有一定的强制性和唯一性，不属于真正的市场交易行为，因此可以称之为“征地”。现实中，集体所有的土地往往成了有名无实的“无主地”，而在其所谓的流转过程中，集体所有土地则成了村长或镇长这一类人的掌中之物，任其摆布。

所以，厘清集体所有制的概念是研究讨论土地制度改革的基础。我们可以从中得出的结论是：只要征得本集体全体人员的同意，集体所有土地完全可以实现产权到人的确权和改革，本集体以外的人员无可置喙。这种改革既符合我国目前的宪法要求，又不涉及国有土地，还可以改变目前集体所有土地管理混乱的现状，实为土地制度改革的长效之举。

本文所指的土地制度改革暂不包括国有土地的改革。

谈到集体所有制，难免会涉及农地市场化的概念。什么是农地市场化？有人认为，农地市场化是中国土地制度改革的关键所在，甚至称其为“新土改”。我认为，在我国现有宪法的基础上谈农地市场化是在研究伪命题。

首先，我们要弄清什么是农地市场化。农地即农村集体所有的土地，在集体产权无法确权到人的情况下，农民（持有者）只拥有土地使用权，而土地使用权怎么入市呢？

目前，我国所谓的农地市场化无非有两种形式：一是卖给国家，变成国有土地，即政府向农民单向征收土地；二是目前在一些省份试点的农村建设用地使用权流转，即农地直接入市试点工作。第一种形式由来已久，是我国目前的法律法规所允许的，虽然经常发生“强征”“强拆”等非法行为，但在我国现有的土地制度没有改革以前这些都是难以避免的。第二种形式则概念不清，与我国目前的法律法规相悖，不宜盲目扩大试点和推广。虽然过去领导人曾表示“永久不变”，但现实情况却是“一直在变”。如果不解决农村集体土地产权到人的改革，不如暂时维持家庭联产承包责任制的现状，等待土地制度改革绝佳时机的到来。中国渐进改革的实践证明：一项不成熟的改革或者说有致命瑕疵的改革会错上加错，会为以后的土地制度改革留下重重隐患。因此，不成熟的改革不如暂不改革。

2013 年 7 月，习近平总书记在武汉农村调研时强调，要好好研究土地流转问题，这就说明土地制度改革的绝佳时机尚未成熟。同时，他也对各种智库和学者们进一步研究和厘清土地制度问题寄予了厚望，以免欲速则不达。

所谓的农地市场化研究中的小产权房问题和土地财政问题都不是土地制度改革的关键。目前，我国现行土地制度下的小产权房实际就是无产权房。可先变小产权房为集体所有的出租房，用原购买价格总额抵付房租的办法逐步化解矛盾，通过 “时间”（租赁期限）换“空间”（产权）的方法逐步解决。土地财政是现行土地制度下的“怪胎”，如果解决了集体所有制土地改革的产权到人问题，其他问题就会迎刃而解。

确立土地改革的二元思维

拿土地政策来说，我国目前的土地属于全民所有，具体表现为国有土地和集体所有土地，即国家所有和集体所有的二元体制。在此基础上衍生出一系列难以解决的实践问题，而实践中出现的种种问题，根源在于理论上的混沌不清，如房地产政策就规定，集体所有的土地只有转化为国有土地后进行开发建设才是合法的。这实际上是执法犯法，是公然侵犯集体所有土地产权的侵权行为。为什么这种政策能够推行？一是因为权力不受制约；二是由于土地产权集体所有，无人负责，实际控制人并非所有者。所以，在目前遍布城乡的征地拆迁过程中，失地农民从集体所有土地转化为国有土地的过程中得到的补偿远远低于其土地的应有价值，而高于其价值的部分则被转移到政府部门，或在转移过程中被控制人腐败掉了。

2012 年 11 月，国土资源部和中央农村工作小组发文，明确要求各地对农村宅基地、耕地和建设用地进行确权，对其中自建自住的房屋颁发产权证（等于确权到个人）。这项政策虽有明显的不完善之处，但亦可视为中央政府就农村土地产权改革问题发出的一个明确信号，也可视为中央高层对我国土地改革顶层设计政策的有益实践。

该政策设计的巧妙之处在于从集体所有土地确权开始，既避开了国有土地私有化之嫌，又拉开了土地产权改革的序幕。不妨把这项改革称为土地改革的二元思维。就如同城乡二元结构是建设中国特色社会主义绕不开的议题一样，土地改革的二元思维也是中国特色的又一具体表现。只是按照这个思路进一步深化改革，还需要学者和制定政策的人具备改革的大智慧和改革到底的勇气和决心。

首先，把土地改革分为国有土地改革和集体所有土地改革，明确国有土地和集体所有土地的产权分别属于国家和集体所有。两者之间不能互相转化，只能在双方自愿的情况下公平买卖。国家可以决定国有土地不能私有化，但无权干涉集体土地确权到人。目前，在国有土地不能私有化的前提下，暂时搁置巨大的国有存量土地，不予研究，对集体所有土地则可以实行确权到人的改革。现行政策是确权到小组，这也无妨，总比土地集体所有前进了一大步，既然现在能确权到小组，下一步就可以确权到个人，这是我国改革开放以来总结出的渐进改革模式，被许多改革政策所遵循。

其次，要通过对集体所有土地产权的改革，总结完善土地改革的二元思维。即使今后集体所有土地确权到人，也不能称之为私有化，而应该称之为民有化。这样，国有和民有两种土地制度就可以并行不悖。同时，城里的人可以到农村购买土地，变为有产者，享有财产性收入；而农村的人也可以变卖确权到人的土地，选择到城市生活，因为城里人和农村人都属于人民。如此双向选择，可加快城镇化的推进过程和社会主义新农村的建设。如果只允许确权后的土地在农村人口中流转，等于是压低了确权后的土地价值，也违反了市场的逻辑。如果仅仅是担心失地农民的生活，那么在农村人口中流转存在同样的问题。

最后，根据目前我国的国情和土地产权现状，提出土地改革的二元改革思路并不存在意识形态上的障碍。既然顶层设计已提出了农村土地确权的新思路，那么各级政府就应该发挥创造性思维，尽力推动该项改革的深入发展。集体土地既然可以确权到小组，就可以确权到个人。就如同一个家庭的共同财产可以确权到家庭的每一个成员一样，既可以继承，也可以自由处置。在真正解决集体土地产权的流转和买卖之后，可在此基础上继续推进国有土地和民有土地的二元制度改革。这是我国土地改革面临的常识问题，也是把复杂问题简单化的正确改革思路。

土地改革不等于土地私有化

什么叫土地改革？目前在我国就是要改变国有土地和集体所有土地的产权现状，实现国有和私人所有两种土地产权所有制形式。

什么叫土地私有化？目前在我国就是要把集体所有土地变为私人所有土地，实现土地所有权、经营权、收益权、交易权和继承权的高度统一。与此同时，暂不实行国有土地的私有化改革。

明确了土地改革和土地私有化的概念，就为我国目前的土地制度改革奠定了基础。如此改革，完全是在遵守国家宪法的大原则下的设计思路，既符合当前主流意识形态的需要，也可以当作中共中央和国务院做实改革的英明决策和创新之举。

只有推进和突破这项改革，当前中国的三农问题、城镇化问题、户籍制度改革和人口自由迁徙等问题才会得到很好的解决，建设城乡一体化的目标才有实现的可能性。

华生教授是近年来对中国改革研究比较深入的有影响力的学者，其在《中国青年报》上发表的关于新型城镇化问题的一些观点和看法，我基本赞成。他提出了“城镇化转型必须从土地制度入手”的改革思路。当前城镇化的症结在于农村人口可以自由流动，但土地不可自由流动，因而出现了农地入市、集体所有土地自由流转等建议，从而让农民原先占用的农村土地和他们需要落户的城市非农土地完成一个转化，以此降低农民的进城成本。

写到这里，必须原文引用华生教授的一段话：“问题是农地入市，暴涨的只是城郊的土地，而广大农村地区的土地就是不值钱的。越是私有制，市场经济土地价格分化就越严重。我看了资料，现在美国、欧洲的农村土地就是几千元人民币一亩。台湾也有‘土地为粪土，市场是黄金’的说法。而我们进城打工，迁徙到城市的农民工群体大多数都来自中西部农村地区，他们老家的土地是廉价的，永远都不值钱。所以，房地产商拿地总强调‘位置、位置、位置’，北京密云的地和天安门的地能是一个价吗？如果土地私有和自由流转就可以解决农民进城落户的问题，那世界上实行土地私有制的发展中国家还会有那么多贫民窟吗？”

华生教授讲得没错，他拿城郊土地与农村土地、密云的地和天安门的地相比较，私有制下土地价格的分化都不过是说明了一个简单的道理：级差地租的存在。可以商榷的是：他讲的并非是土地私有化。

这里有两个问题需要澄清。一是目前在中国农村实行的农地入市也好，集体所有土地自由流转也好，都不属于土地私有化改革。这种不解决土地产权到人的确权改革，问题多多，贻害无穷，顶多是一种伪私有化或伪改革（我曾撰文呼吁停止这种改革）。二是土地私有化只有在解决产权到人的基础上，才可以实现交换、出售和继承的完整统一，才能够体现土地应有的价值，带来长期的土地制度改革红利。当然，在土地改革确权的初始阶段，由于级差地租的存在，会产生不公平现象，但这是改革的成本，是释放制度改革红利必须付出的代价，对此只好"两利相权取其重"。我认为，华生教授不能将目前农村土地制度改革中存在的问题和还会产生的问题归咎于土地私有化改革。世界上实行土地私有制的发展中国家还有那么多贫民窟也是客观事实，可以通过发展和深化改革逐步得到解决。而我们目前面临的问题却是：无房可住的人自己建造"贫民窟"还得不到允许呢！

我国政府智库中，三农问题专家主要的观点是中国目前不宜实行土地私有化，理由似乎只有一条，即土地是农民的命根子，一旦实行土地私有化，有些农民会拿土地换酒喝，造成社会问题或引发社会动乱。认为应该实行土地私有化的主要学者有秦晖、陈志武、周天勇等人，尤其是秦晖和陈志武，对土地制度改革的研究和论证已经非常深入，具有很强的说服力，希望能够引起更多学者和改革决策部门的关注。

厘清土地所有权，释放改革红利

目前，土地制度至少涉及以下概念：

第一，土地所有权，也就是土地产权。在中国，土地产权有两种：国有和集体所有。国有土地的产权归国家所有，也就是全民所有。集体所有土地的产权为本集体成员（自然人）共同所有。

第二，土地使用权，就是土地使用人（自然人或法人）在交纳土地出让金后获得的在一定期限内使用该土地的权利。在中国，住宅用地的使用权为 70 年，工商业用地的使用权为 50 年，但仅限于国有土地的开发利用。集体所有土地只有在转为国有土地后才能进行商业开发，即“征地”。目前，中国农村正在进行的土地确权属于使用权确权。

第三，土地终极所有权，是指在土地产权与土地使用权分离情况下的名义所有权。土地终极所有权在不同的国家具有不同的含义。美国的土地所有权包括了使用权、交易权和继承权；中国的土地所有权分为国有和集体所有，土地持有人只有使用权，而不具有交易权和继承权。中国和美国目前不存在终极所有权和名义所有权的概念。英国的土地所有权归国王或女王所有，即英国国王或女王拥有土地的终极所有权。土地持有人对租来的土地虽只有使用权，但批租年限最高为999年，实际上是永租制，可视其使用权为土地所有权。

第四，其他涉及土地制度的概念有国有土地、集体所有土地、土地流转、土地使用权转让和农村宅基地确权等，这是目前中国社会存在的特有现象，其含义也较为明确。

既然中国现行的法律法规规定了国家所有和集体所有两种土地所有制，我们的分析研究就应该针对这两种土地所有制，并提出行之有效的解决办法。

国有土地归国家所有，也就是全民所有，这没有问题。但国有土地的70年使用权却在现实中造成了许多矛盾。我国土地使用权界定为70年，主要是借鉴了香港的做法（99年为上限），而确定年限的过程也相当戏剧化。据知情人透露，一开始，先把土地使用年限界定为50年，理由有三：一是土地出让在历史上没有经验可以借鉴，年限短一些比较好调整；二是一个人的工作年限一般为50年，假如从20岁开始，工作50年就70岁了，够其一辈子经营，而且可以转让、继承和续期，至于拿什么来保证则没有考虑；三是房产的使用年限一般为50年，50年后房产就不能再用了。按其价值，使用50年后就基本上没什么价值了。当时中央在讨论土地转让问题时，一位主要领导问可否把土地使用年限延长一些，表示 50 年太短，建议再增加几十年。到后来法律出台时就变成了最高使用年限 70 年（工业用地 50 年）。

由此可见，当时我国制定 70 年土地使用权规定时随意性很大，给现在的国有土地制度改革留下了许多麻烦，矛盾不断出现。

看来，要解决由此不断产生的问题和矛盾，国有土地制度改革只有两种办法可供选择。一是参照美国的土地制度进行改革，实行私有化，但目前在中国行不通（法律不允许）；二是参照英国的土地制度进行改革，明确国家的土地所有权为终极所有权，土地持有人只拥有土地的使用权，但要把 70 年使用权改为永久使用权，当然也包括交易权和继承权，用法律的形式予以确定。其中，中国台湾地区的土地制度可继续维持所有权与使用权合一的私有化现状，只是要明确终极所有权归国家所有，实行“一国两制”。香港地区的土地制度是由英国土地制度演变而来，香港地区已于 1997 年回归祖国，所以土地终极所有权归国家所有天经地义，只要把租期 99 年改为永久租用即可。澳门地区的土地制度则参照香港地区施行。这样，中国的土地制度就实现了高度的统一与融合。土地的终极所有权归国家所有，实行土地所有权和使用权的长期分离，国家就可以名正言顺地征收土地税。

对于集体所有土地的改革可以依法进行大胆创新，既不需要土地革命，也不必拘泥于目前的土地使用权改革。现在中国农村实行的对农业用地和宅基地确权改革矛盾重重，后患无穷。我认为，在集体所有土地没有解决土地所有权以前，其任何使用权的流转，包括抵押、入股和转让等做法都是不明智的、欠考虑的，甚至不如一方面继续实行承包制，一方面加快研究农村集体所有土地制度改革的做法。现在的中央文件对农村集体土地承包曾有过15年再加30年不变的承诺，中央一位主要领导甚至信誓旦旦地承诺，30年不变就是永远不变，但终究无法可依，致使目前农村土地侵权事件频发，处于“剪不断，理还乱”的窘境。所以，中国目前的集体所有土地改革，虽没有其他国家现成的经验可以借鉴，但具备了天时、地利、人和各方面的优势，不妨进行一步到位的私有化改革。集体所有土地与国家所有土地不一样，其土地本来就是本集体成员共同所有，产权界定十分清楚，完全可以实行产权到人的改革。如此改革，既在中国现有的法律框架内进行，又有制度创新的红利。所以，现在是到了认真研究其改革方案的时候了。

释放土地制度改革的红利

随着土地制度改革的深入进行，目前，中国社会存在的许多矛盾和问题也可迎刃而解。

延长国有土地的使用年限，既不改变国家所有土地的性质，又可以顺理成章地推出房产税（当然，已交70年土地出让金的房产应在满70年后缴纳房产税），还可以为下一步推出遗产税做准备。

集体所有土地制度改革以后，农民个人所有的土地可以直接入市，既可通过公平交易转为国有土地，也可通过市场公开交易，实现其应有的价值，或自建商品房，所谓的小产权房问题也会迎刃而解。“强拆”行为将从中国大地上消失，人民将更加安居乐业。

而且可以相信，随着土地制度改革的深化，房价绝不会像现在这样非理性暴涨。因为在目前的中国土地制度和“征地”模式下，房地产开发收入中，至少有50%流向了政府。面对中国房地产价格不断上涨、近于失控的局面，一些政府智库非但没有深入研究，提出土地制度改革的措施，还把所谓的“开征房产税”列为降低房价的政策建议之一，实在是匪夷所思。他们难道不明白现在的房地产开发过程中税负已相当高企，而政府屡试不爽的加税政策即是中国房价屡创新高、房租不断暴涨的罪魁祸首吗？如果再不进行大刀阔斧的土地制度改革，中国的房地产市场将会面临两种截然不同的尴尬局面。

一方面，温州、鄂尔多斯、营口、常州等三四线城市的大量房子根本卖不出去，危机将不断出现，而且这种现象会逐步向其他三四线城市蔓延；另一方面，北京、上海、广州、杭州等一二线城市的房价将不断飙升，带动房租进一步暴涨。

在一二线城市征收房产税，将进一步推高房价，而在三四线城市，不要说征收房产税，就是不征税房子也卖不出去，甚至不排除出现中国的“底特律”。在此情况下，试问谁敢推出房产税？向谁征收房产税？

第三章　产权混乱的集体所有制土地

生产力决定生产关系，生产关系对生产力具有反作用。中国历史和中国改革开放三十多年的实践至少证明：中国农村特有的土地集体所有制已经严重束缚了生产力的发展，并由此衍生出一系列矛盾和问题。而土地制度改革的目的很明确，就是要解决当前集体土地所有制下出现的新情况、新问题。由于产权不明晰，中国土地改革阻碍重重。现在到了终结集体所有制土地概念的时候了。终结集体所有制，将产权明确到人是改革的必然选择。

土地改革争论存在误区

自《决定》发布以来，关于中国农村土地制度改革的讨论与争论越来越多，也出现了明显的讨论误区。

中央政府主流观点一再阐明，土地制度改革不能突破两条底线：一是不能搞土地私有化，二是不能突破农村集体土地所有制。在不能突破这两条底线和实行土地规划、用途管制的前提下，还要实现农村集体所有土地的流转和入市改革。对于这种所谓的改革可能造成或已经造成的诸多矛盾，他们认为要通过修法予以解决，而修法指的是修土地法及相应法规。

暂且抛开政府的主流观点，关于土地制度改革的分歧主要集中于两点。

一种观点认为：农村集体土地的私有化改革才是解决土地产权的基础。如果不突破农村现有的土地集体所有制，其他所有的农村土地制度改革措施和办法都是无用的。不仅没有好处，相反还会带来无穷无尽的矛盾，问题也会越来越多、越来越大。

另一种观点认为：农村集体土地不能私有化，并阐述了土地私有化可能带来的各种问题，如失地农民问题、土地兼并问题、农村人口的社会保障问题、农民到城市工作失去就业机会后的返乡生活问题等。

以上两种观点针锋相对，不乏高人之见，也不缺历史与现实结合的精辟分析。那么，到底哪一种观点言之有理？哪一种观点更能说服人？或者哪一种观点能被政府采纳并形成目前可以实行的政策呢？似乎都存在较大的不确定性。因为，这种关于土地私有化和公有制究竟哪一个更好的结论谁都无法做出，也不存在一个所谓的判定标准，即使政府也不能判断。但不管怎么说，争论和讨论毕竟是好事。对这种问题的讨论本来就没有绝对的对和错，只是秉持真理的言论自由而已。

因此，近一段时间关于农村土地制度改革的讨论焦点似乎在转向。而转向的重点包括了土地开发权、土地规划权、土地用途管制权、土地流转权、征地权和建筑不自由等与土地制度改革相关的其他问题。

所以说，目前中国农村土地制度改革的讨论与争论陷入了一个误区，土地产权的确立和土地财产权的保护被束之高阁，甚至认为土地产权的所有制不是土地制度的根本问题或者实质问题。我认为，这完全是偷换概念。如果离开了土地产权的所有制问题，我真不理解农村土地制度改革还有什么讨论必要？

由此可见，关于中国农村土地制度改革的问题似乎又回到了原点，即为什么要进行土地制度改革？土地制度改革的目的是什么？

答案是显而易见的：生产力决定生产关系，生产关系对生产力具有反作用。中国历史和中国改革开放三十多年的实践至少证明，中国农村特有的土地集体所有制已经严重束缚了生产力的发展，并由此衍生出一系列矛盾和问题。而土地制度改革的目的很明确，就是要解决当前集体所有制下所出现的新情况、新问题。而解决的办法无非是两条：一是在维持现有制度下的改良，不在土地所有制上做文章，这也是政府目前推行的政策；二是实现集体土地制度的私有化改革，通过土地所有制的改变，实现合乎产权逻辑的长远目标。但需要申明的是，实现土地私有化并不排斥政府对土地的总体规划和用途管制，只要明确相关的法律与义务即可。

“集体所有制”悖论

我国目前农村的村集体所有制，实际上就是村集体土地的集体所有制。如果允许农民承包的集体所有土地自由流转，或者叫使用权转让，那么原本意义上的集体所有制是否就名存实亡了呢？答案是肯定的。只是鉴于目前中国农村土地制度改革的不平衡状况，政府未做出统一部署而已。

如果说农村集体土地使用权已流转、入股、抵押或转包，那么，除了承包土地的人在土地流转进入的公司中享有股份待遇外，他所在的村集体不再享有该土地入股的任何权利和收益，而如果原来村集体的所有人都将土地流转出去，那么原来的村集体实际上就消亡了。

所以说，目前中国农村的集体所有制只是在土地未流转情况下的一种土地集体所有制，是在生产力低下，人口基本不流动，小范围封闭的自然经济方式下形成的一种所有制形式。这种所有制形式与城市化、市场化和高度社会化的生产方式是不相容的，与人口的不断流动和自由迁徙也是不相容的。尤其是在目前土地集体所有制控制权与产权所有者不能统一的情况下，所谓的集体所有就成了大家都没有，或者说等于地方政府所有。这个所谓的地方政府的代理人，就是村支书和村长这一类人。村长、镇长、县长和市长都属于政府的代理人，委托链条长且不清楚，没有终极负责人。好处都想捞，责任都在推。目前，世界上真正实行土地集体所有制的国家只有中国，被终结是迟早的事，甚至包括集体所有制这个名称。

中央党校的周天勇教授认为，中国的土地制度改革不能走私有化的邪路，不能走过去简单的土地国有化的老路，也不能走集体所有制的蹩脚路。他建议实行全部土地国有化，加自然人和法人土地的永续使用，并给予永续使用的土地转让、交易、抵押、出租、入股和继承等所有权项。其实质就好比英国的土地所有制形式，土地名义上归国王或女王所有，使用权归个人所有，个人拥有永久使用权。由此可见，周教授虽不赞成农村集体土地私有化，但终结土地集体所有制的观点和意愿非常明确。

我认为，鉴于目前中国农村土地集体所有制的现状和历史遗留问题，不妨暂时保留国有和集体所有两种土地制度，并对不合时宜的土地集体所有制进行大胆改革，确权到个人，实现集体土地私有化。赋予确权以后的土地转让、交易、抵押、出租、入股和继承等所有权项，实现国有土地的长治久安和私有土地的自由交易，彻底消除土地集体所有制存在的悖论，为实现土地制度改革的长期利好奠定理论基础。

终结集体所有制概念

集体所有制在不同的国家、不同的社会形态、不同的发展阶段都存在过，但基本上没起过促进社会发展的推动作用。如果说在某个国家的某个发展阶段起过有限作用的话，那就是在公有制的前提下，代行了国家计划的部分功能和作用，其实质就是打着集体所有制的旗号，充当公有制经济分配计划指标，剥夺公民财产权。

这种情况典型的有苏联的集体农庄、我国计划经济时期的人民公社，以及至今仍存在于社会发展形态中的村集体所有、集体所有制企业和所谓的供销合作社等经济组织形式。这种集体所有制生产经营模式在我国的特殊历史时期应运而生，虽然起过一定的进步作用，但与建立社会主义市场经济的目标格格不入。

我国的人民公社主要是仿照苏联的集体农庄模式建立和发展的，而村集体所有的架构原来并不是一个实体组织，它代表的只是一个自然村（类似于城市中的社区）。当时中央政府在农村推行合作社的初级阶段，农村的土地是私有的，产权归一家一户所有。农民在加入初级合作社时以土地入股，而当时的初级合作社只有土地使用权，土地所有权仍然归农民所有。50年代中期成立高级合作社时，政府强行把农民的土地所有权划归集体所有，农民以土地产权计入的股份随之被剥夺。集体所有制实际上就成了土地集体所有制。苏联的集体农庄模式已被实践证明是错误的、落后的、不可持续的，顺理成章，由高级合作社发展成的人民公社也被中国的改革开放大战略所抛弃，成为"大跃进"的历史陈迹。但集体所有制的遗害至今未肃清。目前，最大的问题就是农村集体土地所有制问题。如果不厘清集体土地所有制的概念，中国农村的土地制度改革就无从谈起，形形色色的所谓土地使用权入市和土地流转都是伪问题。

中国的城镇化问题现在很热。有人认为，城镇化主要是人的城镇化；有人认为，中国的大城市严重不足；也有人认为，中国应主要发展中小城镇；还有人认为，城镇化主要应解决农村人口向城市的转移问题。这些观点和研究虽然都不无一定的道理，但不能解决集体土地所有制的遗留和改革问题，所以这些基本上都是伪问题，本不成立，何以有解？实际上，中国的城镇化问题就两个：一是集体土地私有化问题，二是人口自由迁徙问题。解决了这两个问题，其他问题就会迎刃而解。集体土地私有化的前提是要厘清集体土地所有制的概念。

要搞明白中国农村目前的集体组织是指村一级组织（原生产大队）还

是村民小组（原生产小队），当然只能择其一，不可兼得。还有，乡镇一级政府是不能划归集体所有制之中的，原因很简单：一是所有权不能重叠，二是乡镇政府工作人员为国家公务员，不具有法律赋予的财产权利。在这种集体组织中人员不断变动的情况下，集体所有制实际就变成了一种人员流动的集体所有制，而控制集体所有财产的人就只能是不断变化的村长或镇长等人。很显然，这种集体所有制名义上归本集体成员所有，实际无人负责。其优点当然不能与私有制相比，甚至都不能与国有制相提并论。

结合目前中国社会发展改革的现状，我认为从思想观念上尽快终结集体所有制的概念，是指导当下中国各项改革与时俱进并实现长期改革红利的挑战性思维，极需超强的决断力和敏锐的前瞻性。目前，集体土地所有制的改革是中国所有制改革中牵一发而动全身的重大改革。不能不认真对待，仔细思量；不能不改实质，只做表面文章；更不能“以其昏昏，使人昭昭”；绝不能错失良机，以致追悔莫及。至于曾经存在过也辉煌过，现在还在维持生存的所谓供销合作社、手工业合作社、农村信用合作社和股份合作制这一类集体所有制生产经营模式，将随着社会主义市场经济体制的发展和完善，与集体所有制概念一并消亡。如果说集体所有制概念在一定社会发展阶段还能得以苟活的话，那也只是在局部地区较短时间内的存在而已。此乃经济规律使然，任何组织和个人都难以抗拒。

土地能否私有化?

毫无疑问，土地制度改革将是今后中国社会与经济发展的重大事件，而关于土地制度改革的各种研讨主要纠结于：土地能否私有化？按照目前我国的经济体制、政治体制和宪法原则，讨论国有土地的私有化极不现实，因为社会主义市场经济是以国有经济为主导的经济体系，而讨论集体所有土地的私有化则具有迫切的现实意义和深远的历史意义。

但是，也有部分学者认为，目前中国集体所有土地不能私有化，并阐述了土地不能私有化的种种理由。到目前为止，认为土地不能私有化的理由大多属于理论上的假设，或是因为没有厘清土地制度改革的概念。我拟对“土地不能私有化”的五种理由予以评析。

理由一：土地私有化会导致土地兼并

有学者认为，土地私有化会导致土地兼并，造成大量农民失地。一部分农民卖掉土地后会沦为赤贫，有可能影响社会稳定。

首先，集体所有土地确权到人以后，大多数农民不会轻易卖掉土地，因为土地历来是农民的命根子，他们知道怎样保护自己的财产并通过土地经营获取更多的土地收益。我们完全可以设身处地地想一想：给农民土地的使用权和所有权，其结果是完全不同的。那种所谓的农民得到土地后会拿去换酒喝的现象不是没有，但绝对是极个别现象。用个别事例代表或推测一般理论没有任何经济学研究的意义。

其次，土地私有化后肯定会有人卖掉土地，或转向城市生活，或谋求离土不离乡的其他营生，这不是我们实行土地制度改革梦寐以求的结果吗？另外，这部分人卖掉的土地通过市场化交易到了真正需要土地的人的手中，这不也正是我们实行土地规模经营，提高土地规模效益的有效途径吗？当然，这绝非一日之功，也不是在较短时期内就可以实现的，而是需要一个较长的历史发展阶段逐步过渡，但初始阶段的确权非常重要。那种试图通过使用权流转和加强土地用途管理的办法，只会给以后土地的管理和实现应有价值带来无穷无尽的矛盾。

最后，有人认为，现在恰恰是在城市有固定工作，在农村也有宅基地和承包地的人主张土地私有化，愿意卖掉土地获取一笔收入，而广大农民却鲜有人提出土地私有化的主张。这种观念并不能说明土地不能私有化。我认为，土地制度改革是一个动态过程。原来在农村生活的人现在到城市工作要卖掉土地，正说明人是不断变化的，他们并不是因为失地而无法生活，而是有了在城市工作和生活的能力后才会选择卖地。这种现象恰恰说明农民分到土地后，如果没有更好的生活条件和现实目标，他们是不会选择卖掉土地的。我国目前出现的大量宅基地浪费和土地抛荒现象正好说明了给予农民土地产权的必要性。至于鲜有农民提出土地私有化的要求，这是不符合客观现实的。目前，全国各地因为土地强征常常见诸媒体的抗法和自焚等过激行为，不正是反映了农民对土地产权的要求及保护私人土地产权的需求吗？

理由二：土地私有化属西方理论，难以实践

有学者提出，土地私有化理论源于西方经济学，而用西方的经济理论指导中国的土地制度改革，在实践中难以行得通。

首先，“有恒产者有恒心”这一理念最早来源于孟子，比西方的市场经济理论早了许多年。我们常常讲要继承和发扬中华民族的优秀文化传统，但不能一有不同意见和看法就拿“崇洋媚外”说事。对此，我们应该重温一下改革开放总设计师邓小平关于“资本主义也有计划”“社会主义也有市场”的英明论断。正因为邓小平的拨乱反正，很多西方的经济理论才能在中国开花结果。而集体土地的确权到人确实是当前中国农村改革的根本问题。能否行得通，“实践是检验真理的唯一标准”，可通过局部试点、省市试点、边远地区试点和建立土地制度改革试验特区等办法去尝试，这是最好的路径选择，何必纠结于是西方还是东方的理论呢？

其次，中国目前的政治体制非常有利于集体土地的私有化改革。从孙中山先生提出“平均地权”的口号开始一直到中华人民共和国的成立，中

国基本上没有一次像模像样的土地制度改革。在旧中国，帝国主义、封建主义和官僚资本主义三座大山一直压得中国人民喘不过气来。国民党统治时期，除北方军阀阎锡山在山西定襄一带搞了一次小范围的土地改革，使农民尝到了短暂的甜头外，国民政府在解决土地制度改革的根本问题上乏善可陈。只有中国共产党在新中国成立之前领导完成了震惊中外的大规模的土地改革运动，使广大农民实现了“耕者有其田”的愿望。

辛亥革命至今百年多的历史中，孙中山提出了平均地权的思想，毛泽东领导了伟大的土地改革运动，邓小平实行了家庭联产承包责任制，这些创举都已被载入史册。今日中国领导人如果能够审时度势，发动一场新的土地制度改革运动，必将成为中国改革开放以来又一重大事件，光耀千秋。

理由三：土地私有化会改变社会主义公有制性质

有学者认为，中国历史上的土地产权一直处于变动之中，如果实行土地私有化，会改变社会主义公有制的性质。

要厘清土地私有化的范围只限于集体所有土地，不包括国有土地。要明确在集体土地私有化以后，完全可以通过交易使私有土地变为国有土地，而国有土地是不可能变为私有土地的，即使通过交易也不允许，因为按照国有土地全国人人有份之原则，是无法实现任何形式上的交易、赠送和流转的。只要保证了国有土地的神圣不可侵犯，就不会改变社会主义公有制的性质。

我们不能因为中国历史上土地产权一直处于变动之中，就否认给予农民土地产权的重要性和必要性，也不能因过去不尊重农民的土地产权就认为土地私人产权不适合中国国情。这就如同从来不让农民有产权自由，反说农民不会管理产权一样。对此，我们如果不敢借鉴先进国家的土地制度管理经验和实践，又如何能够在新的历史条件下创新呢？

理由四：集体所有制是不可改变的历史

有学者提出我国农村集体土地的家庭所有制、家族共同体和土地村社共同体三个概念，认为这是我国农村土地制度改革不可改变的历史和今后的发展趋势。

首先，三个概念中只有农村集体土地的家庭所有制易于理解，原因是其符合当前的土地家庭联产承包责任制，属于尚未确立土地产权的初级发展阶段，不适宜土地要素的产权改革，也不利于有效保护土地产权，提高土地利用率。实际上，即使是一个家庭，其成员也处在不断变化中，而真正的土地制度改革必须适应这种变化。

其次，土地家族共同体是一个不确切的概念。它可以是两个家庭以上的组合体，也可以是以同一个姓氏组成的宗族大家庭。但这个所谓的土地家族共同体多存在于过去的历史岁月中，现在随着家庭的小型化发展，变得不易存在。即使有个案存在，亦属于土地集体所有制的一种形式而已，且这种情况只会越来越少。

最后，土地村社共同体无非就是土地集体所有制的另一种叫法，过去不存在，现在无新意，将来难发展，甚至可以说与土地私有化无关。

理由五：土地私有化观点太超前

有学者认为，在中国目前“民生没有基督化，公权没有制衡化，印钞没有中立化”的前提下谈所谓的农民土地私有化，过于独立和超前。

首先，民生基督化不是土地私有化的必备条件，中国人民与世界其他各国人民一样享有选择信仰的自由。不能因为世界上实行土地私有制的国家有很多人信仰基督教，就把民生基督化列为土地私有化的条件之一。

其次，各个国家的公权制衡体制有较大不同，亦有先进与落后之分。公权制衡体制的建立和完善是一个动态发展过程。我们不能设想有朝一日公权制衡体制完善以后再去搞土地制度改革，我们更应该认识到实行土地私有化才是促进公权制衡体制和机制建立的有效措施。所以说，实行土地私有化和建立公权制衡体制是相互促进和相辅相成的关系。

最后，印钞中立化的美国实行的是土地私有制，而印钞中立化的香港特别行政区实行的是土地租佃制。目前中国的土地制度包括国有和集体所有两种。我们研究的土地私有化改革仅限于集体所有土地，但是不排除在现时中国，集体土地向国有土地转化是实现土地产权交易的途径之一。因此，虽然目前中国印钞不能实现中立化，但应该认真研究集体土地的私有化。而且，我们应该大力支持各种独立观点和独立见解，百花齐放，百家争鸣，为中国真正的土地制度改革献计献策，而不是人为自设和假设种种条件和障碍，企图抵挡难以扼制的土地私有化的历史潮流。

综上所述，我认为，厘清土地制度改革思路一定要克服单向思维：只讲农村人口向城市的转移，不谈确立土地私有化后城乡人口的双向流动；担心农民得到土地后会卖掉土地，低估农民对土地产权的渴望和产权保护意识；偏重考虑土地私有化后农村会出现的现实问题，较少考虑土地私有化后会带来制度改革的长期红利。因此，我认为对集体土地的私有化改革是牵一发而动全身的长效改革，是一种调动和引导千千万万个市场个体保护土地和提高土地利用率的自觉行动和自发行为。

南街村模式的真相与悖论

耳听为虚，眼见为实。

中国河南的南街村是唯一一处实行社会主义劳动群众集体所有制发展模式的地区。为了验证我最近发表的《“集体所有制”悖论》一文中的相关观点正确与否，我专程赴河南省临颍县南街村，进行了实地考察及走访调研。

南街村真相

调研所知，南街村已不是我国宪法规定的传统意义上的土地集体所有制村庄，而是一家产权独立的集团公司。其所有权既不是国有，也不是私有，而是属于人员不断变化的公司集体所有，实际上就是法人所有，其资产也可称为法人资产。南街村的创始人王宏斌先生担任南街村党委书记，兼任南街村集团（独资公司）董事长。

目前，南街村的资产已超过30亿元人民币，这是南街村集团生存和发展的基础。我对南街村集团的运行体制和分配模式做了如下概括：全员有份，一人一份，与生俱来（包括结婚所得待遇），死不带走，各尽所能，按劳分配，共同致富，保证福利（实行基本生活需求供给制），不准交易（因产权未量化到个人），不能继承，世代繁衍，生生不息，人在待遇在，人走（包括出嫁和外出工作）茶就凉。这样，随着人口的繁衍生息和自由迁徙，南街村集团的资产得以世世代代集体传承下去。

如果说我国目前处于社会主义初级阶段，那么南街村应属于社会主义的中级阶段，所有学校（从幼儿园到高中）实行免费教育，上大学给予补贴，医疗、养老和住房一律免费。距离马克思设想的社会主义高级阶段（各尽所能，按需分配）还有较大差距，但不管怎么说，南街村是一个已经存在的客观事实，也是社会主义理论在中原大地上的成功实践。

南街村悖论

悖论之一：终结集体所有制概念没错

通过调查得知，现在南街村的集体所有制其实就是一个壳，原来的几千亩土地现在只剩下几百亩，90%以上的土地要素资源已作为集体资产整体植入南街村集团公司，南街村集团下属的公司基本都采用了现代企业制度，有独资公司、控股公司、参股公司，也有合资合作公司。这些所属公司大多采用了股份制、有限责任公司等现代企业模式。从南街村集团所属公司的生产经营情况和管理体制来看，它已完全脱离原来的集体所有制，具有社会主义市场经济的显著特征。尤其是在合资企业中，私有产权的确立清晰而完整，也可以说实现了混合所有制经营模式。

我之所以对南街村感兴趣，主要是为了验证已发表的关于终结集体所有制的相关理论正确与否。我选择了实地考察，并与河南省临颍县的地方领导讨论，切身感受到了南街村的与众不同，了解了其出现的偶然性与必然性。

亲自调研和分析的结论不仅肯定了自己研究成果的正确性，还验证了终结集体所有制概念的前瞻性和深刻性。

悖论之二：坚持集体所有制难保18亿亩耕地红线

中央农村工作领导小组办公室主任陈锡文指出，农村土地制度改革不能突破土地私有化和集体所有制两条底线。南街村集体所有制的实践却恰好证明：集体所有制并不能达到保护耕地的目的。

南街村过去曾有土地几千亩，现在只剩下几百亩土地实行农场化运作。90%以上的土地已转为工业用地，这是南街村集体得以存在和发展的基础。

推而广之，如果全国的集体所有制村庄都按此模式发展，那么农地减少和土地兼并都将无法避免，何谈保护耕地和18亿亩耕地红线？相反，如果南街村能够在发展之初实现农地私有化，很难想象农村土地兼并速度会如此之快。

当然，如果实行土地私有化政策，南街村今天的繁荣景象也许不会出现，呈现出的可能是“看得见山，望得见水，记得住乡愁”的另一番田园美景。

南街村启示

启示一：承认和尊重现实，破除非此即彼之观念

《市场经济导报》曾经刊发某经济学家撰写的《追问南街村：旗帜？怪胎？》一文。其标题就把南街村置于尴尬境地。我认为，南街村既不是“旗帜”，也不是“怪胎”，既非共产主义小社区，也不是处在社会主义初级阶段，它就是活生生的现实，是马克思的社会主义理论在中国的成功实践，是国际共产主义运动在中国改革开放实践中的创新实例。

有人认为南街村集团侵占了外来职工创造的剩余价值，把南街村称为集体资本主义，认为是集体资本剥削了外来职工。我认为这种看法没有道理，也违背了马克思在《资本论》中揭示的著名的社会资本再生产理论。

任何资本都存在逐利性，这是资本的本质。南街村的资本为什么就要例外呢？南街村集团通过设立若干全资或控股或参股公司，按照出资比例分红，然后把该集团资本所得红利用作南街村人的福利，不仅符合产权的逻辑，也是南街村法人合理合法获得财产性收入的体现。

从南街村集团的收入和分配管理方式来看，南街村村民是低工资加高福利（按基本需求供给），对外来职工则采取高工资（按劳分配）加低福利（按特殊需求供给）。这种分配体制既能调动企业职工的积极性，又能体现人人平等和集体致富的共产主义高尚追求，具有一定的创新意义。

启示二：改革开放的包容政策催生了南街村模式

南街村集团的发展始于粉碎“四人帮”后的1977~1979年。在此之前，虽然南街村也是集体所有制，但没有实现跨越式发展。1978年党的十一届三中全会召开以后，南街村才开始了对集体所有资产的运作。南街村没有采取集体土地承包责任制，而是采用了更加超前的现代企业制度发展模式，把集体土地等要素资源作为资本投入到工业企业发展中，赢得了赚取剩余价值的第一桶金，取得了不俗的成绩。甚至可以说，南街村今天的成功并非得益于集体所有制的威力，而是现代企业制度运作的结晶。现在仅南街村集团下属的一个调味品厂，每年的产值就达五亿多元，创造利润近亿元。如果允许集体土地只在农村流转，不得改变土地用途，南街村就不可能获得如此多的收入，南街村村民也不会有今天的各种福利待遇。

事实告诉我们：南街村现象值得研究和深思，却不能证明集体所有制的优越性。如果不是邓小平关于改革开放的总设计，南街村不会有今天的发展际遇。

启示三：毛泽东思想具有特定含义，不可作为南街村的标签

南街村把它的成功实践归功于毛泽东思想体系，比如共同致富、按劳分配、大公无私、基本生活供给制等，其中有合理的因素，但这样做的结果却是低估了毛泽东思想的内涵。毛泽东思想体系的成功主要是中国新民主主义革命的成功。新中国成立以后，在社会主义建设时期，毛泽东思想基本没有大的发展。从公私合营、大跃进、反“右”运动的扩大化到人民公社实行一大二公，基本上处于“与人奋斗，其乐无穷”的轨迹之中，社会主义经济建设发展缓慢。如果非要为南街村的实践寻找一种理论支持，还是邓小平先生的“黑猫白猫论”更为合适，因为是邓小平理论为南街村的成功实践创造了生存和发展的条件。

启示四：南街村带头人的个人作用不可忽视

南街村的带头人王宏斌不愧是真正的共产党员，也是能人。能人有时候可以颠覆各种所有制悖论。所以说南街村只是一个特例，需要适当的环境和机会，也需要历史做出评价。

南街村的公平理论和实践在一个家庭内比较好协调。因为家庭是由亲情、传统道德和文化来维系的，相比于一个集体组织容易协调得多。而王宏斌先生是把公平理论推广到一个村集体。用南街村人的话说：没有王宏斌就没有南街村的今天。而如果将来没有了王宏斌，南街村模式是否会发生变化？可以预见的是：南街村将变得越来越好。为什么能得出这样的结论？主要基于两点：一是中国改革开放的大环境和开明政策为南街村模式创造了条件，尤其是党的十八届三中全会再次重申了混合所有制模式，为南街村插上了腾飞的翅膀；二是南街村的集体所有制将朝着现代企业制度的模式发展，尽管前进的道路上存在曲折和反复，但重新确立产权将不可避免，谁也无法抗拒。

因此，南街村模式到底能维持多久，有无推广应用价值，确实值得研究，而集体所有制无法回答和面对这个问题。正如日本的“山岸村”模式一样，奉行的是“生活一体化”“经营一体化”和“知足者富”的与世无争的生存逻辑，已被法国、瑞士、美国、澳大利亚、巴西、韩国和泰国等引入，但无一不属于特定环境下的“世外桃源”，有的团体还带有宗教性质。在日本，一般人把他们视为“一群不可思议的怪人”“逃避社会现实的人”和“逆社会发展而生活的人”，但不管怎么说，作为一种社会现象，他们并没有被贴上“集体所有制”成功案例或者“共产主义小社区”的标签。

第四章　合理预期混合所有制

十八大提出的混合所有制概念成了学界讨论的热点。混合所有制是针对国企改革的新提法，而中国的国企改革始于晚清，一直延续到现在。把国企混合所有制改革放到大历史中去观察会发现，它并不比股份制高明多少。国企改革的本质是产权归属问题，产权归属涉及资源的占有与配置问题，这背后起作用的是权力。国企改革是一场资源配置权力的博弈。如何深入理解《决定》对国企改革的思路，如何搞明白混合所有制到底意味着什么，决定了中国国企改革未来之路将如何走。产权到民才是国企改革的终极目标，混合所有制只是通向罗马的大路之一，对混合所有制不应有过高的预期。

权力游戏：国企改革的历史与现实

纵观中国近代经济史，贯穿始终的首要问题便是对经济参与主体的定位与分工，即由谁来办企业、如何配置资源。从洋务运动到改革开放初期，官商合办、官督商办、官办三种模式在中国历史的不同阶段此消彼长。但无论哪种模式，权力始终居于核心位置。如果说有差异，仅仅是不同历史阶段主导经济的力量在形式和程度上有所差异，而这些差异主要源于中国所处的历史阶段和当时的国际环境。今天的国有企业改革，究其本质，仍是这一历史问题的延续。

国企改革的真问题

无论是中国历史上的儒家文明，还是西方启蒙运动时的社会契约论，都认为政府应是维护公平正义的管理者，而不是与民争利者，诚如《大学》中说的“国不以利为利，以义为利也”。因此，公共领域和资源垄断行业由政府经办，竞争性领域由民间经办，由市场配置资源，成为既符合契约精神又符合经济原则的模式。中国封建社会的盐铁专营，欧美国家成熟的市场经济模式无不如此。这是我们今天比较一致的认识，但这种认识是建立在独立的民族国家和成熟的经济体系的前提下，也是中国在经过上百年探索试错并付出沉重代价后才换来的。

汉学家费正清、费维恺在《剑桥晚清史》一书中指出，中国企业的模式涵盖官商合办、官督商办、官办三种企业形式。三种形式之间是一种不断嬗变的过程，近代以后，中国企业的发展形式，由起初的政府和企业共同参与，转变到后期单纯由政府直接操控。这其实是按照黄仁宇大历史的视野对中国百年企业史的一种总结，直至今日，国有企业仍未彻底走出历史的阴影。

比如，铁道部被撤销前，在行政级别上是主管铁路行业的国务院部委，在经济上是垄断铁路市场的“铁老大”企业。回顾历史竟然发现，这正是洋务运动时期国家兴办铁路模式在今天的翻版。再如，在国企问题上，一边是前国资委官员卸任时自诩已实现央企的增值保值，一边是舆论对“国进民退”和国企垄断的口诛笔伐。政府对国企的错误定位，让管理者两头受气。即便如此，像中粮收购蒙牛这样劣币驱逐良币的案例仍时有发生。在官商问题上，一边是政府这只看得见的手在经济活动中的如影随形，一边是每倒下一位企业家必带出一批“有问题”的官员。权力对市场的干预所滋生出的腐败让权力成了人人喊打的“过街老鼠”，但很多企业的经营者又希望依附于权力并从中食利。

可见，很多本该超越意识形态而无须争论的事，在现实中却与常识相距甚远。背离常识的结果必定是对经济规律的扭曲，而片面甚至错误的认知则容易被固化积淀成社会问题，最终又反过来挑战常识。就像在国企问题上，很多在现代企业理论看来荒诞可笑的事情，在现实中却成为尊重历史传统、维护政治正确性的选择。这也是研究国有企业改革不能只顾理论的与时俱进，要重视历史的原因。

今天国企不但数量大幅减少，其规模和赢利能力也今不如昔，私企和外企早已成为中国经济的重要力量。《物权法》《反垄断法》等法律法规的出台，成为市场经济的有力保障。但是，一个更加严峻的问题是，在经济改革的同时，腐败、不公平现象也非常严重。这些问题究竟是改革的副产品，还是需要通过深化改革必须解决的问题？

长期以来，在社会稳定与意识形态的挑战下，在速度和规模的刺激下，“大政府、小市场”所导致的结果是资源的低效率配置甚至是错误配置。在经济管理体制上，“重审批，轻监管”导致的是经济秩序的混乱和信用体系的急剧萎缩。在市场化程度上，产品的市场化而非要素市场化让政府仍然牢牢掌控着经济主导权。这才是问题的根源，但很多人却把板子打到市场经济的屁股上。具体到国企改革，国企之所以存在腐败、低效率、不分红等问题，当然与国企内部的治理结构有关，但这不是根源。

今天的国有企业改革，从某种意义上讲是改革开放以来国企的“第三次改革”，是中国经济体制向市场化转型的必然要求。虽然我们已经站在全球化和中国市场经济的背景下讨论国企改革，但从历史渊源上看，国有企业实质上是一个政治与经济的混合体，国有企业的历史在很大程度上就是国家政治经济史的缩影。

“国有”包含了国家、国民、国体、领袖、军队、意识形态等政治要素，“企业”包含了产品、市场、分配、管理等经济内容。因此，国有企业改革绝不是一般意义上的企业改革，而是对政府介入程度、对国企进行定位的问题。这是国企改革的源头性问题，或者说是国企改革的真问题。

国企改革的三个阶段

改革开放以来，特别是邓小平“南方谈话”后，改革国有企业、发展私营经济、建立市场经济体系成为经济改革的方向和目标。到目前为止，我国的国企改革先后经历了三个阶段。

第一阶段，是整个 20 世纪 80 年代。当时在我国的所有制结构中，私营经济已不复存在，集体经济除农业外所占比重也不大。国有经济不仅占主导，数量上也占主体地位，绝大部分工商企业属国家所有，国有企业的效益如何直接决定了整个国民经济的状况。同时，当时的国有企业大都采用国有国营的模式，因此我们就把改革的侧重点放在了国营企业上，提出了“搞活国营企业”的口号。其本质是在“改革、开放、搞活”的方针下，通过改革僵化的计划经济体制和对外开放，搞活整个国民经济。

1984 年 10 月，中共中央发布了《关于经济体制改革的决定》，提出了企业所有权与经营权相分离的理论。在这种理论指导下，国企改革的主要内容是向企业下放经营权。与这种情况相适应，“国营企业”这一概念逐步为“国有企业”所取代。自然，“搞活国有企业”的提法也逐步取代了“搞活国营企业”的提法。但无论是搞活国营企业还是搞活国有企业，都存在明显的缺陷，都没有站在系统论的角度，从搞活整个国有经济的角度来看待国企改革，而是把着眼点放在单个企业，而且是效益差的企业，于是在实践上，国企改革实际上变成了挽救亏损国有企业。许多改革措施往往不是实质性的制度创新和经营机制的转换，而是“减利、免税、停息”等“父爱主义”的救济行为。而对于那些效益较好的企业则关心甚少，甚至“鞭打快牛”。其结果是效益差的企业没救活，效益好的企业也被“累”成了效益差的企业。国有企业的亏损面和亏损额不断扩大，搞活国有企业的希望并没有实现，进而导致第一阶段改革的失败。

第二阶段，是20世纪90年代至21世纪初。社会主义初级阶段理论，特别是邓小平“南方谈话”和中共十四大关于建立社会主义市场经济新体制的理论，为人们观察国企问题提供了新的理论依据。从社会主义市场经济的角度来看国有企业，我们就会发现原来的改革思路存在严重问题。因为在市场经济条件下，既存在国有企业之间的竞争，又存在国有企业和非国有企业之间的竞争。在这种情况下，政府作为宏观经济管理者，应当把各企业置于平等的竞争环境中，而不能厚此薄彼。在平等竞争中，一部分企业，当然也包括一部分国有企业，会由于各种原因被淘汰，这是经济规律作用的必然结果。因此，企图把所有国有企业，特别是把所有亏损国有企业都搞活的做法既无必要，也不可能。可见，随着认识的深化，国企改革的方针和政策开始了调整与完善。

20 世纪 90 年代初以后，特别是 1993 年中共十四届五中全会以后，“从整体上搞活国有企业”的提法流行了起来。和“搞活国有企业”的提法相比较，这一提法的积极意义在于：在理论上，它把国有企业当作一个整体来看待；在实践上，它使人们不再把目光仅仅局限在那些亏损的国有企业上，从而为国有企业的现代企业制度建设、资本经营、资产重组，特别是“抓大放小”等改革策略的提出提供了理论前提和依据。如果仅从国有经济本身发展的需要来看，“从整体上搞活国有经济”的提法无可厚非。但如果从发展整个国民经济的角度来看，仅仅提“从整体上搞活国有经济”则存在明显的不足，其根本原因就在于国有经济在整个国民经济中的地位和作用已经发生了很大变化。

经过多年的改革，我国国民经济的一个显著特点就是形成了多种经济成分并存、共同发展的格局。在这个格局的形成过程中，国有经济本身虽然也在不断发展，但其在整个国民经济中所占的比重却日益下降。搞活国有经济依然是搞活整个国民经济的关键，但从整体上讲，国民经济的健康快速发展最终有赖于各种经济成分的全面搞活。既然这样，我们就不能再和以前那样仅仅就发展国有经济来谈国企改革，而是要站在搞活整个国民经济的角度来看待国有企业的改革问题。这是我们总结 20 年国有企业改革得出的基本经验之一。

第三阶段，也应该是国企改革的最后阶段，我们目前正处于这一阶段，其核心问题是国企的退出问题。国有企业的退出，是一个先分类再逐步退出的过程。具体而言，首先是将国企分为竞争性国企与非竞争性国企两大类，然后是竞争性国企的退出和非竞争性国企的改革同时进行。

竞争性国企如何退出？

政府在经济活动中的正确定位体现在两个层面上：第一，政府不能既当裁判员又当运动员；第二，如何当好裁判员。但前者并不是国企存与废那样的形而上学，而应是现实与规律的结合。国有企业改革的基本原则就是分类管理，首先要把垄断领域的国有企业和竞争领域的国有企业区分开来，接下来才能分类研究国有企业其他方面的改革。

可见，国企改革的本质并不是国企该不该存在这样的简单选择，而是在哪些领域以何种方式存在的问题。转型意义上的国企改革，首要问题并不是国企作为一般意义企业的改革，而是国企的定位问题。这既要考虑市场对资源配置效率的要求，更要考虑中国的政治制度和历史延续。经过多年的摸索和试错之后，我觉得分类管理应该成为国企改革的基本思路。在这个基础上进一步探索科学的管理体制，而不是把适用于私企的现代企业管理制度照搬到所有国有企业中。具体而言，在商贸、建筑等一般竞争性领域，国有企业必须通过改制逐渐退出；在金融、保险、证券等由央企垄断的金融行业，要逐步开放民间资本，实行国企和私企的公平竞争；在公共领域和资源垄断的非竞争性领域，由于投资规模大、收益周期长、协商成本高，不但要实行单一的国有体制，还要实事求是地探索符合国情的管理体制和激励机制，而不是叠床架屋式地复制现代企业制度。

国企改革不但要体现效率和公平，还要考虑到风险与可操作性。竞争性领域国企的效率明显低于私企，其资产构成比较简单，评估与改制过程中国有资产流失和权力寻租的问题不会太大，退出后的巨额资金可通过转持全民社保基金来填补社保资金缺口。经济领域的改革支持了社会的发展，这和“以人为本”的科学发展观完全吻合，而且整个过程不存在政策和法规方面的障碍。

目前来看，有关竞争性国企退出的争议不大，只是时间问题，关键在于如何平衡因退出引发的利益调整，这需要决策层的勇气和政治体制改革的跟进。金融行业对民间资本的放开，不但是金融改革的应有之义，也是引导四处炒作的游资“蝗灾”服务于经济建设的金融资本的必然选择。

2010 年 5 月，国务院出台的《关于鼓励和引导民间投资健康发展的若干意见》正式允许民间资本兴办金融机构。这一领域需要正确引导，加强监管。非竞争性国企的转型和改革，关键在于三方面：一是该领域只能采取国有形式，二是非竞争性的国企不能复制现代企业制度，三是探索科学的管理模式和激励机制是唯一出路。这需要深化认识和制度创新。

非竞争性国企如何改革?

公共领域和资源垄断行业分属行政垄断和资源垄断，其资产价值具有自然增值和经营增值两种属性，且自然增值属性可以无限大。如果对这些领域进行价值评估，必然会导致利益输送和国有资产流失，搞不好还存在如苏联解体那样巨大的政治风险。因此，在这些领域必须实行单一的国有形式。这不是改革过程中的妥协，而是一种理性选择。即使西方市场经济国家在这些领域也不是彻底放弃国有。

现代企业制度的核心是“股份制”。股份制只有两个基本要求：一是产权明晰，且要落实到自然人，而国有垄断企业的资产是全体人民的，无法落实到每个自然人；二是企业资产可以交换、转让和出售，而国有垄断企业的资产交换、转让和出售如果遵循现代企业制度中股东多数同意原则，不但交易成本昂贵，而且根本不具有可操作性。因此，如果强行植入现代企业制度的话，制度的执行必然流于形式。作为资产所有者的全体民众、资产监管者的国资委、资产经营者的国企高管这三大主体间的关系看似清晰，实则错综复杂，其矛盾难以调和。如果按照现代企业制度，那么央企“地王”频现、央企高管及员工的高薪酬和高福利无可厚非，因为现代企业制度追求的首先是公司的治理而非社会的公平正义。

科学的管理体制必须着眼于解决以下问题：一是理顺垄断国企租金、税收、利润三者之间的关系，二是理顺国企高管的激励机制。租金、税收和利润是三个不同的经济概念，反映的是不同的经济关系。国企改革从统收统支变为照章纳税，把税收和利润两个范畴分开了。但是，租金和利润仍然没有分开。租金属于要素价格，而利润属于经营收益。

经济学家张曙光说：“由于没有资源租金的概念，由于不向占用大量资源要素的国有企业收取租金，出现了两个荒唐的结果。第一个结果是，国有企业把资源要素租金据为己有，租金变成了企业利润，提高了企业的市场价值，也使得对国有企业经营者的监督和考核失去了客观的依据。如此一来，如果有外国投资者参股，就可白白多得股息红利；如果并购重组，也会发生扭曲，特别是国企和民企合资重组，必然高估国企价值。第二个结果是，由于国有企业将国家租金据为己有，变成经营者经营努力的成果，这样就为一部分人无偿占用全体人民的利益打开了方便之门，资源要素租金养肥了一个庞大的利益集团。”

可见，经济学家盛洪所说的“国企利润源于不缴租金”很有道理，但国家对于资源垄断行业征收远远高于普通行业的特别收益金（俗称“暴利税”）也是事实，这样的结果是各方都有怨气。因此，要制定科学的租金征收标准，对垄断国企征收租金；要减轻税负，实行国企私企税收标准上的统一；利润同样转持全民社保基金。这样，在理顺租金、税收、利润三者关系的同时，又体现了公平，且便于操作。

近年来，随着媒体对国企高管高收入的频频曝光，国企高管的激励机制问题浮出水面。大型国企，特别是央企的高管，往往由政治局会议讨论后经组织部门任命产生，而且高管直接调任党政领导位置的例子比比皆是。这说明国企高管的产生主要是基于政治逻辑而非商业逻辑。那么，在激励机制上理应纳入党政系统的考量，而非财富与权力的通吃。

终极目标：产权到民

将国企按照分类管理的原则分为垄断性国企与竞争性国企，并分别采取国有独资形式和逐步退出的不同路径进行改革，最终的目标都是一致的，即要让国有资产和其创造的价值能够真正由全国人民共享。

毋庸讳言，目前关于这方面的研究，以陈志武、张维迎为代表的一批经济学家和学者提出了相当有见地、有水平的观点，当然也有不同的思想和言论。本人虽属于此观点的坚定支持者，但我认为对此大可不必以进退为界、以左右标签、以好坏分野，而应该允许发言、允许讨论、允许质疑、允许提出更好的见解。只有 “百花齐放、百家争鸣”，真理才能越辩越明，才能为国企改革的决策者起到警示和参考作用。

纵然目标明确，路径清晰，国企改革仍不可能一蹴而就，需做好顶层设计，分阶段有序推进。我国的国有企业改革从十五大和十五届四中全会提出“有进有退”的战略方针，到国务院前总理朱镕基主持的“抓大放小”改革，再到目前的继续改革，每个阶段应根据不同情况，实事求是地提出和执行不同的改革方针和政策。应该说，到目前为止，国有企业改革进入了新的发展阶段，面临一系列新情况和新问题。尤其是对一些敏感问题的探讨和解决，确实到了 “深水区”。前人可为后人之鉴，但前人不可能代替后人审时度势，进行决策。国有企业的决策者尤其需要根据“天时、地利、人和”做好现阶段的顶层设计。

总之，国企改革是中国经济体制改革和政治体制改革不可回避的重要问题。我们的研究一定要独立、客观和理性，切忌发表情绪化的言论和未经深思熟虑的观点，如打倒垄断国企和国企红利分配是伪问题等。至少从目前国有企业存在和经营的现状来看，垄断性国企尤其是公益性国企还是客观存在的，也是应该上缴红利的。这也是国企改革绕不开的议题。我们一定要尽力避免制造对抗气氛和人为地制造矛盾，欲速则不达，甚至连传播思想的作用也可能被抵消。

品读《决定》关于国企改革的思路

品读《决定》之余，颇感意外的是有的改革举措竟如此具体，具体到不需要过多解读和理解，只要认真贯彻执行就可以了。当然，也提出了一些需要继续探索和研究的问题。我认为《决定》对于国有企业改革乃至全面深化改革问题，至少有三大特点值得称道。

改革蓝图很清晰

《决定》分16部分，共60条，提出了改革的总目标是完善和发展中国特色社会主义制度，改革的重点是经济体制改革，经济体制改革的核心是发挥市场在资源配置中的决定性作用，改革的内容是成立全面深化改革领导小组等。改革的内容和举措已细化在《决定》60条中。可以说，蓝图已绘就，目标很清晰，这极大地加强了改革图强、实现中国梦的决心和信心。

改革举措很具体

十八大以来，新一届中央领导“释放改革红利”的决心已昭然于世。十八届三中全会到底会有什么举措，也是政界、学界和各种智库研究分析的重点。就我自己研究和关注的国有企业改革的内容来看，有些改革举措的表述和力度非常到位，甚至勾画出了具体的路线图和时间表。

如在“进一步深化国有企业改革”表述中明确提出：准确界定不同国有企业功能。国有资本加大对公益性企业的投入，在提供公共服务方面做出更大贡献。国有资本继续控股经营的自然垄断行业，实行以政企分开、政资分开、特许经营、政府监管为主要内容的改革，根据不同行业特点实行网运分开，放开竞争性业务，推进公共资源配置市场化，进一步破除各种形式的行政垄断。

我认为《决定》把国有企业的分类管理提上了重要议事日程，不但提出了“增强国有经济活力、控制力、影响力”等举措，而且明确了国有资产在控股自然垄断领域的同时将民营企业引入自然垄断领域。“放开竞争性行业”更体现了要建立国有企业与民营企业公平竞争的良好环境和市场机制。

哪些行业属于竞争性领域？我认为至少包括以下行业：一是金融业，实际上在十八届三中全会召开之前就已放开，现在已有许多民营企业在排队登记；二是自然垄断行业的下游产业，如石油、石化行业的炼油产业和石油化工产品的进出口业务等；三是电信行业，该行业本该是最需要参与市场竞争的行业，而我们过去却一直给予行政保护和价格垄断，这次按照十八届三中全会精神放开准入已是必然。还有除国家储备任务之外的商贸领域、房地产和食品加工等行业，实际上在十八届三中全会召开以前就已经放开，只是过去部分国有企业依靠政府背景和优先贷款等不平等待遇占有先机，今后随着公平竞争条件的形成，国有企业改革的重点将放在主动调整上。

《决定》为什么没有提到“取消国有企业的行政级别”？因为在竞争性领域，行政级别本来就无用，如果行政级别能带来企业效率和效益的提高，那么国有企业就不需要改革了。而在公益性和自然垄断行业的国有企业，目前最需要探索的是实行准公务员管理并制定相对合理的薪酬标准，而不是所谓的去行政化。这类国有企业的比重今后将会不断降低，国有企业的上缴红利则应不断提高。《决定》提出，到2020年国有企业的分红比例将提高到30%，这是一大进步。

改革之事从来急

《决定》明确提出“逐步取消学校、科研院所、医院等单位的行政级别”的改革举措，字数虽然不多，但字字千钧，力透纸背，具有非常强的震撼力。过去，由于这些学术性极强的单位采用行政级别管理，即用行政级别来衡量一个人的才干和绩效，大大削弱了我国在教育和科学研究领域赶超世界先进水平和创新的能力，“官本位”体制害人至深，评职称看谁官大，按行政级别大小分配科研经费，导致科研经费的一部分被用于大吃大喝和高级烟酒消费等。北大、清华、人大等名校为副部级，各省

（市）属大学为正局级，真正的学术水平、科研水平则在所谓的行政级别面前变得一文不值，这些现象早已为广大知识分子和人民群众深恶痛绝，而且严重制约和影响了我国教育和科研水平的提升。难怪钱学森院士发出了“世纪之问”，制度中的许多明白人也无可奈何。《决定》中提出的改革举措可谓快刀斩乱麻，彰显了决策者的审时度势和高屋建瓴，谁能不为之拍手称快？

再如《决定》在阐述“激发社会组织活力”时明确提出“限期实现行业协会商会与行政机关真正脱钩”，其语气之强硬和措施之具体，没有任何拖延和推诿之意。实际上，十八届三中全会召开前，中央改革社会管理创新的政策已十分明确，只是有关部门的具体工作条例尚未出台，影响了工作进展而已。而《决定》的具体阐述则表明了本届政府壮士断腕、推进改革的极大勇气。

其他领域的改革举措也各具特色。如对征收房产税，一改过去的许多提法，提出“研究房产税立法和适当时机推出房产税”，首次把房产税立法提上了议事日程。既然要研究房产税立法，就要厘清并深入探讨“住宅用地70年使用权”等问题，为各智库和学者指出研究思路和方向。

当然，有些改革举措还不是很到位，如虽然提出了“城乡一体化”的改革思路，但对土地制度的改革举措似乎还存在一些需要厘清的问题和难以解决的矛盾。我认为这是《决定》欠缺的地方。不过，正如习总书记讲的那样，“改革是由问题倒逼而产生”，所以，我认为随着改革中问题和矛盾的进一步暴露，不排除下一届三中全会提出再次深化土地改革的新政。

改革的蓝图已绘就，改革的目标很明确。但改革没有回头路，改革之事从来急。为保证《决定》精神的贯彻执行，中央决定成立高层次的全面深化改革领导小组，统领全局，驾驭改革。其规格远高于曾经的国家体改委，这是新一届中央领导集体决心将“加强顶层设计和摸着石头过河相结合”，推动改革的重要组织保障。这既是从我国目前大局出发的实事求是之举，也彰显出中央对改革分寸的把握非常到位。

混合所有制比股份制高明吗？

《决定》再次重申和肯定了发展混合所有制经济，在理论界和实业界引起了较大反响，同时也伴随着一些不同的看法和理解。对此，我认为厘清混合所有制的概念，正确认识和理解其内涵和意义很有必要，也非常重要。

混合所有制不是一种所有制

所有制问题就是生产资料归谁所有的问题。所有制只包括公有制和私有制两种。公有制包括国有制（全民所有制）和集体所有制两种，而私有制只有一种，产权可以量化到自然人。

我国改革开放以来，应运而生并快速发展的行业协会等法人组织属于非营利性社会组织，既非公有制，也非私有制。经济学家厉以宁先生称其为“准公有制”。

现代企业制度包括股份制公司、有限责任公司、国有独资公司、私有独资公司和合伙制公司五种，都是所有制的有效实现形式。而集体所有制企业属于特例，今后将不会有新的集体所有制企业产生。以上任何一种所有制实现形式都是产权清晰的，现实生活中不存在所谓的混合所有制公司。如果要成立一个混合所有制公司，在工商部门都无法登记，要登记注册就只能是以上五种公司制度的一种。

由此可见，混合所有制不是一种所有制，也不是所有制的有效实现形式。在一个企业中，国有资产和私有资产的多少，得由投入资本的数量说了算，至于国有企业和私有企业的代表，得由大股东（相对控股）说了算。

所以说，混合所有制概念的再次提出和肯定，与政企分开无关，与“国进民退”和“国退民进”无关，而与发挥市场在资源配置中的决定性作用关系密切。

混合所有制概念对于国企改革的意义

《决定》对混合所有制概念的承认和肯定，一是表明了中央政府对各种所有制公平竞争和消除所有制歧视的决心和信心；二是承认和肯定了企业中国有资产和私人资产可以同时存在，并允许今后国有企业和民营企业可以互相持股；三是意在对过去国企改革领域的股份制改革倒退情况予以纠偏。但这不是国有企业改革的终极目标和方向。所以，我认为混合所有制概念的再次提出和肯定并不会对国企改革产生重大影响，或具有更为重要的意义。至于坊间部分学者和企业家的争论和看法，再正常不过，也不值得大惊小怪。

国有企业改革是一个不断试错和改进的过程，理论研究的目的在于探究和寻找一般性的经济规律，以指导国企改革思路的完善，推进具体改革的路径，而不是纠结于某个企业经济效益的高低，误入“成败论英雄”的樊篱之中。

目前，部分或个别国有企业在竞争性领域搞得不错，经济效益很好，要么是因为选对了一个职业经理人，要么是其他偶然因素所致。但个别不能代表一般，一个优秀企业的经典案例只可借鉴，不可复制，没有推而广之的价值。

在一个企业中，如果国有资本不控股或者持股比例很低，那么国有资产还有什么必要存在于这个企业中，何不逐渐退出，把退出的资金用在民生和社会保障方面？或者一次出售，卖个好价钱？如果只看到现在的利益，万一以后亏损和倒闭又怎么办？岂不悔之晚矣？如果不是为了赚钱，又何必与民争利？

宋志平现象的启示

央视《对话》栏目采访宋志平，把宋志平同时掌控两家国企作为混合所有制企业经营成功典型案例的意图不言而喻。我认为至少有以下启示：

一是宋志平人才难得。一人兼管中国建材和中国国药两家中央大型企业，而且这两家企业都搞得不错，事实充分证明宋志平是国有企业中少有的懂经营、会管理的企业家人才。但这种情况亦属偶然，找不出什么必然性的规律，因此不具有可复制性和借鉴性。

二是宋志平在《对话》临近尾声时的回答发人深省。主持人在提到中国建材的二三级企业中国有股份已经在30%以下时问："你不怕被民营资本炒掉吗？"宋志平的回答是两句话：一是"资本说了算"，二是"打起背包再出发"。我认为主持人问得好，宋志平回答得更精彩。给国企改革的最重要启示就是：国企改革分类管理以后，在竞争性领域的最终目标和方向就是退出，别无选择。

三是宋志平现象并不能说明混合所有制是一种先进的企业生产经营模式，或是所有制的一种有效实现形式。

通过对混合所有制概念的再认识和理解，可以说目前的国有企业改革成绩不菲，但问题犹在。尚需进一步深刻领会《决定》精神，厘清改革思路，通过分类管理和深化改革，到达胜利的彼岸。

混合所有制改革的广东模式

广东省国资委在全国两会期间出台了《关于进一步深化国有企业改革的意见》(以下简称《意见》),其中提出,除了少数国企和国资运营投资公司,其他国企应积极引进社会资本。国有股权低于50%的混合所有制企业不再参照国企实施管理。《意见》不仅充分体现出了由过去管国企向管国资方向的转变,而且牢牢掌握了国有资本有进有退的主动权,即今后在混合所有制企业中,有利润就分红,无利润就卖掉,把退出的国有资本用在民生和社会保障等方面。《意见》还明确了改革的时间表,到2015年,广东省全部完成国企公司制改造;2017年,混合所有制企业产权比重超过60%;2020年这一比重应超过80%,二级及以下竞争性国企基本成为混合所有制企业,使国有资本的流动性明显提高。

习近平总书记在两会期间参加上海代表团讨论时指出,国有企业只能加强,不能削弱。习总书记的两句话,实际上是一句话的同义反复。要加强即是不能削弱，而不能削弱，就是要加强，意在强调国企改革的重要性。

仔细推敲和理解他的讲话内容，其精神可以概括为三点：一是国企要加强社会责任感，尤其是在公益性行业；二是不能贪图享受，直指分配不公之要害；三是不能在改革中让国有资产流失，国企改革要提高透明度。至于具体的改革思路，《决定》中已阐述得很清楚，关键是要看各级政府和职能部门的改革力度和执行力如何。

许多两会代表人云亦云，观点不得要领，确实让人有些不解。

有位著名经济学家在接受《证券时报》记者采访时指出，（股权结构）并不是国有资本越多越好。他解释说，100%的国有控股，1 000亿就是1 000亿；50%的话，1 000亿能控制2 000亿；将来在股权分散的情况下，1 000亿国有资本可能可以控制4 000亿。该经济学家是许多学者久仰的前辈和恩师，却如此阐述“混合所有制重在资本控制力”。按照他的逻辑：国有资本只要在一个企业占有25%的股份，就可以控制余下的75%的股份（假定75%的股份是分散的，且其中没有一家持股超过25%）。这种情况在现实中可能会存在，但其他所有制股份持有人又不傻，按照经济学的一般规律，其他持有人也可以25%的股份控制其他分散的股份。在谁都不愿意被控股的情况下，就得看谁的能量大，谁投入的资本更多了。所以，其所言混合所有制重在资本控制力没错，但将其定义为国有股份，并控制其他所有制股份就大错特错了。

按照现代企业制度的逻辑，资本的控制力主要体现在企业的核心竞争力上，而核心竞争力包括投入资本多少（可变化）、关键技术是否先进和人才竞争力等方面。如果一个企业不具备核心竞争力，就不可能以25%的股份控制剩余75%的股份，而其他具有核心竞争力的企业可以随时改变资本市场的游戏规则。

广东省《意见》的出台适逢全国两会期间，对于我们当前关于国企改革的各种争论不啻为一种清醒剂，也是对部分人大、政协委员错误言论和认识的一种纠偏。

在两会期间，一些人大、政协委员错误地理解了《决定》。有的代表在谈到混合所有制经济时，反复强调要放大国有资本的功能，增强国有资本的控制力；有的代表极力鼓吹要用少数国有股份带动其他股份，希冀起到四两拨千斤之作用。这种想法如果作为国有企业的一种良好愿望可以理解，但却违背了制定各种所有制公平竞争政策的初衷，也折射出在意识形态领域中长期搞所有制歧视形成的国有经济自恋情结。由此看来，在中央再次提出和强调发展混合所有制经济的同时，深入学习和深刻领会《决定》精神是多么重要和必要。

也有部分代表的看法值得称道。如中石化的董事长傅成玉就直言，民营企业参股中石化没有所谓的比例限制。此话道出了一名大型央企高管领会中央精神，搞好混合所有制企业的胸襟和水平。曾任北京市长和山西省长的孟学农也直言不讳，北京的地王就是央企造就的，国企就是推高房价的罪魁祸首。

由此可见，广东省国企改革的《意见》能够在此时出台，的确在全国起到了很好的示范作用，与上海前段时间出台的国企改革政策形成了鲜明的对比，明显走在了北京、上海、天津和重庆四个直辖市及其他省（市）的前面。所以说，广东省不愧是中国改革开放的窗口和前沿阵地，也是领会和执行《决定》精神的改革先锋。我们没有理由不大力称颂广东省敢于“第一个吃螃蟹”的精神。

国企改革五大问题的新思路

国有企业改革是中国改革开放的重要内容之一，是国家经济体制改革的一个关键环节，也与国家政治体制改革密切关联。对于此项改革，仁者见仁，智者见智，学术界也有许多不同的观点，不乏真理的火花和激烈的碰撞。

应该说中国过去国有企业改革的实践取得了一定的成绩，但也存在不容忽视的问题，尤其是理论上的探索还远远不够，指导国有企业改革的现有理论体系又不能自圆其说。因此，难免出现执行中的偏差和失误，甚至会给中国经济和社会发展带来难以估量的负面影响。

当前国有企业改革涉及分配问题、思路问题、垄断问题、效率问题和体制问题。认真研究并着手解决这五大问题，将对国有企业改革、经济体制改革及政治体制改革产生积极影响。

问题之一：分配机制是否合理？

中共十五大和十五届四中全会就明确了国有企业要退出竞争性领域的基本思路，明确了国有资产主要进入国民经济的关键领域，也就是垄断领域。1998年，时任总理朱镕基主持了国有企业“抓大放小”的改革。当时，大多数国有企业是亏损的，甚至资不抵债。在改革的过程中，虽然也有国有资产流失，但总体上风险不是很大。如果把市场化改革的举措放到垄断行业，会出现严重的分配失衡。

为此，当时我撰文对国有企业经营者收入分配改革提出了质疑，认为垄断行业，尤其是大型垄断国有企业的分配制度改革要慎重。当时国家经贸委对国有大型企业（30家左右）的领导也是采用公务员（副部级）管理办法，我对此持肯定态度。后来的分配改革，尤其是对大型垄断国有企业高管的薪酬，进行了所谓的市场化改革。分配问题至今越积越大，成为广大民众诟病的热点问题。尤其是垄断国有企业管理人员与国家公务员在薪酬分配上的巨大差距，造成了严重的攀比和心理失衡，助长了腐败，毒化了社会风气，其影响不可小视。

一些专家学者当时提议建立新型的国有企业经营者分配机制，以消除由于分配制度不公所带来的种种问题。2002年以来，我国国有企业改革的进程较快，对国有企业经营者分配制度的改革也取得了一定的进展，一些国有企业在这方面进行了有益的探索，并取得了一定的成绩。按照斯戴西·亚当斯提出的公平理论，人的工作积极性会受到其相对报酬的影响，一个人不仅关心自己的绝对收入（实际收入），也关心自己的相对收入（自己的收入与他人收入的比较）。如果他发现自己的收入与他人的收入差距超过合理范围，就会产生不公平感，这会影响其工作积极性的发挥。从这样一个立场出发，大多数研究者认为，当时多数国有企业经营者的收入偏低，特别是低于民营企业和三资企业，导致了国有企业人才的流失。于是他们提出了对国有企业经营者实行年薪制、经营者持股和经理期权的主张。

对于实行以上三种经营者收入分配制度，当时国家尚没有给出成文的规定，但不少专家学者对此给予了肯定。我国上海等地的国有企业已经或正在有选择性地采用上述分配制度，这在一定程度上调动了国有企业经营者的积极性，也促进了国有资产的保值增值和现代企业制度的建立。但我认为，如果实行此制度的国有企业不改制或者继续保持国有企业控股的主体地位，那么这种分配制度的不合理性是显而易见的。大量的国有企业的改革实践已经证明：这种分配制度不仅起不到激励作用，反而会产生很多负面影响。希望这些情况能引起研究工作者以及正在进行此项改革的企业和有关决策部门的注意。

有种观点认为，实行国有企业经营者年薪制可以杜绝国有企业高管的隐性收入及灰色收入。这种观点是不对的。把改革国有企业经营者收入分配的原因归结为多数国有企业经营者的收入明显低于民营企业和三资企业的经营者，以至国有企业经营者产生了不公平感，造成优秀的国有企业经营者的流失，这是不符合当时国有企业的实际情况的。当时的情况是，大量的国有企业资不抵债，效益不佳，经营者收入偏低，这是由经营不善、管理不力和投资失误等原因造成的，这种情况不能和民营企业、三资企业相提并论。我国很多国有企业当时存在的问题是，虽然效益不佳、管理不善，但经营者的收入并不低，尤其是与本企业的职工相比。有的国有企业虽然亏损，但照样存在给经营者滥发奖金的情况。所以，不切实际地下结论，认为国有企业的经营者收入偏低是有失偏颇的。实行年薪制能够在一定程度上调动经营者的积极性，但认为实行年薪制可使经营者的收入由暗变明，可以防止经营者牟取除年薪以外的其他非法收入的观点，是站不住脚的。

为了解决隐性收入和灰色收入的问题，当时一些地方采取了部分激励措施，如规定对完成效益指标者给予奖励；或实行其他约束机制，在实行年薪制的企业推行风险抵押制度，即由经营者缴纳一定的风险抵押金，用于抵补由其决策失误和经营不善给企业造成的损失等。但事实证明，这样的改革无助于问题解决。因为，所谓的风险抵押金承担不了任何风险。在我国，一部分国有企业退出竞争领域之后，另一部分国有企业的资产高达千万元甚至上百亿元，经营者区区几万元、几十万元或几百万元的风险抵押金如何能承担如此大的风险？况且风险抵押金的缴纳比例如何确定也是个难题。如果大多数经营者没有足够的资金做抵押，这样的风险抵押制度岂不是形同虚设！面对高额的风险抵押金，这些经营者要么不能在国有企业任职，要么只有到民营企业和三资企业去，除此之外别无选择。因此，我认为国有企业经营者的收入分配，应按行业和企业的具体情况制定相应的分配标准，做到公开化、标准化、效益指标具体化，辅之以严格的监管制度。

也有观点认为，经营者持股和股票期权能够成为可靠的激励方式，提升国企管理者的效率并体现国企管理者的价值。这种观点也要从多种角度来审视。主张经营者持股的人认为，在市场经济条件下，让国有企业的经营者持有本企业一定的股票是一种长期激励方式，这种把资产所有权和经营权部分合一的方式，能使经营者具有代理人和委托人的双重身份，把经营者的长期利益和企业的长期利益联系起来，可以避免短期行为的发生。我认为建立这种制度的初衷固然是好的，但实施起来不一定能收到好的效果。经营者持股多少才算合理？这很难确定。如果一个经营者在企业的持股比例很小的话，实际上等于未持股，那么这种制度就没有建立的必要了。如果一个经营者持股比例很大，甚至超过一定比例限制的话，那么国有企业岂不成了股份制企业或民营企业了？

赞成实行股票期权制度的人认为，国有企业的经营者因购买了本企业的股票而成为本企业的所有者，因此，其个人利益与企业利益紧密相连。在这种分配体制下，经营者的资本利益是从股价的上涨中获得的，股价的涨跌与企业的经营效益相关，经营者在利益的驱动下会更具责任心、敬业精神和创新精神，为企业创造更多的利润，以求得国有资产的保值增值。但问题是这种股票期权给多少？由谁来决定数额？以什么标准来确定数额？即使由董事会确定，也很难找到根据或标准。上述问题的不确定性表明，这种制度设计的本身就存在严重的缺陷和明显的不合理性，其作用会如何可想而知。

综合来看，我认为，国有企业经营者的收入分配改革要解决的关键问题就是，按照当时中央关于国有企业改革的大原则去设计分配制度，走出一条有中国特色的国有企业改革之路。因此，分配制度改革应遵循以下原则：

第一，坚持国有企业关于“有进有退，有所为有所不为”的改革方针，并在关键领域有所突破。企业数量应越来越少，单个企业的资产应越来越大；明确人才的流动是必然趋势，流动的目的不是将优秀的人才都吸引到国有企业，而是要在我国计划经济向市场经济转轨的进程中，通过人事制度改革和人力资源开发达到优秀人才的合理配置。这是分配制度改革设计必须坚持的基本方针。

第二，不能盲目地断定大多数国有企业经营者的收入低于私有企业或合资企业。实际上，有很多国有企业经营者的收入高于私营企业或合资企业，不必担心国有企业的经营者因收入低而流入非国有企业，现实中也有大量人才放弃私营企业和三资企业的高收入而流入国有企业。

第三，针对国有企业的经营者，应该实行一套符合中国特色的分配管理制度，即实行公务员管理或者准公务员管理，这是符合我国国情和国有企业实际的。此外，我国对国有企业已经或正在实行有特色的管理。如成立了中央大型企业工委（国资委的前身）和监事会，中央直属的30多家大型企业的一把手由政治局常委讨论决定任命，而且是作为副部级干部来配备，作为公务员来管理。因此，我认为参照公务员管理条例制定国有企业的经营者的管理条例、分配制度，包括分配标准和奖励标准等，从理论上讲是成立的，在实践中也是可行的。当然，这还有待研究工作者们结合我国国有企业的实际情况和国家的改革总目标进行进一步的研究和探讨，但如果用理论上还存在明显缺陷的研究结论指导国有企业的改革实践，是要付出更大代价的。

问题之二：改革思路是否清晰?

有种观点认为，我国国企改革方向越来越不明朗了。其实，我国国有企业改革大体经历了以下几个阶段：起初是从农村实行联产承包责任制中得到启发，由时任四川省委书记赵紫阳在四川率先从扩大企业自主权开始，拉开了国企改革的序幕；后来又在商业流通企业中实行“四放开”，在工业企业中实行“砸三铁”等改革，由“党委领导下的厂长责任制”转为“党政分开”，实行“以厂长为中心的经济责任制”；再由实施“产权明晰、权责明确、政企分开、管理科学”的抓大放小战略到“政企分开、自主经营和自负盈亏”的全方位改革。到目前为止，应当说国企改革在上述思路的指导下，取得了辉煌的成就。具体体现为：国企数量大幅减少，亏损企业基本消灭，竞争性领域的国企大量退出，垄断性国企的生存能力逐步增强，国家的政策性负担有所减轻。但是，我们应该清醒地看到，在国企改革取得阶段性成就的同时，改革的动力却减弱了，改革的方向似乎越来越偏离建立有中国特色的社会主义的伟大目标，甚至成为造成社会不公、影响社会和谐发展的重大社会问题。国企改革的基本思路和做法在实践与理论两方面的缺陷越来越明显，概括起来就是：方向不明决心大，简单问题复杂化，具体问题抽象化，理论问题教条化。

所谓方向不明决心大，就是国企改革的目标价值多元化，常常以政府、国企、行业和股份制企业（上市公司）多种面孔出现，扮演不同的角色。因此，改革的结果难免出现“南橘北枳”之现象。

所谓简单问题复杂化，就是主观套用市场经济的一般理论来指导国企的改革与发展，企图收到“以其昏昏，使人昭昭”之效果，结果是理论本身都不能自圆其说。

所谓具体问题抽象化，是指明显是由资源垄断和行政垄断带来的赢利，偏要套用市场竞争的逻辑来证明其决策的英明，结果是负赢难负亏。赢利部分可由垄断国企“自肥”，亏损则由全国人民“埋单”，造成国有资产“合法”流失，腐败盛行。

所谓理论问题教条化，是指把属于行政管理或准行政管理的工作强行套用于企业的生产经营管理工作，造成企业分配制度的不公平，结果是严重影响了社会公平，人民群众对此怨声载道。

我认为当前国企改革的基本思路应该是：国企不能股份化，管理人员和员工是全体人民的“保姆”，企业实行准公务员管理方式，各级国资委就是国有资产的“看门狗”（借用李金华语）。在这个基本思路的指导下，国企改革应遵循以下原则有条不紊地向前推进。相信通过 3 ~5 年的探索和创新，一定能走出目前改革的误区，消除实际工作中的许多问题，走出一条有中国特色的社会主义国企改革之路。

以下三个关键问题必须引起大家的注意：

第一，凡涉及资源垄断、行政垄断、国家安全、军工和具有公用性质的国企一律实行单一的国有体制；在上述领域已经实行股份化的国企应分期分批回购股份，回归国有体制；在此基础上，确立一套严格科学的国企管理模式和架构，但决不能搞什么国企的“董事会”这一类不伦不类的临摹式改革。当然，在上述改革过程中可以尝试部分垄断国企委托民营企业经营模式的试点工作，但仅限于试点，成功后可推广，不成功就停止，并汲取教训。

第二，凡属于竞争性领域的国企，从发展目标上应逐步退出，让位于民营企业。现有的国企通过改革置换出来的资金大部分应用于社会保障和其他公用事业，少部分用于支付改革的成本和代价。对于目前经营状况尚好的国企，可视具体情况暂时保留或实行股份制改革，以后择机退出，前提是“卖个好价钱”；对于目前经营不善的国企则按照原来的改革思路逐步退出。但不管怎么改，都不能实行央企的分红模式，即把一部分国企的利润分红用于另外一部分落后国企的脱困上。这就好比 10 个国企有 10 个“保姆”，其中 5 个赢利企业的“保姆”可以用本企业的所谓分红去补贴另外 5 个亏损的企业。国企的管理人员没有国有资产的支配权，各级国资委同样也不应该有国有资产的支配权。

第三，国企应实行严格的准公务员管理。从国企领导层到一般员工，均应参照国家公务员的管理模式实行严格的准公务员管理方式，实行行政级别制和专业人员职务聘任制。这样做，不仅有助于实现社会公平，也能消除目前国家公务员与国企管理人员之间相互攀比的行为，还可进一步明确国企的约束机制，即行政级别负责制。此办法虽然不是最佳选择，但是最正确的选择，能彻底消除现有国企管理人员的绩效考核弊端。

国企管理人员实行上述改革后，各级国资委在扮演“看门狗”的角色时就会更加得心应手。其职能主要是监督、检查和防止国有资产流失，制订国企管理人员考核管理办法，以此加强对国企管理人员的考核和晋升管理。在这里国资委不是以资产所有者的身份出现，而是以管理“保姆”的管理者的角色出现，行使全体人民委托的权力。至于国企管理人员实行准公务员管理后的效率和积极性问题，实际上是个“伪问题”。因为在当下中国，官本位制对人才还是有相当大的吸引力的。

问题之三：垄断国企另类思路

时任国资委研究中心主任王忠明曾于 2008 年发表《从现代企业制度到现代产权制度》一文，解读中央和国务院关于国有企业改革 30 年来的成就和经验。曾有记者问我对于文中的主要观点怎么看。说实在的，其中大多数观点我基本同意，但我认为，此文的许多观点只适于竞争性领域的国有企业改革，不适于垄断领域的国有企业改革。为此，我以与王忠明先生商榷的口气，发表了《国有垄断企业不宜建立现代企业制度和现代产权制度》一文。我在文章里指出：如果用不成熟的理论或不能自圆其说的理论来指导正在进行的改革实践，会欲速不达，后患无穷。

在这里有必要解释一下我提出的观点。我之所以认为国有垄断企业不宜建立现代企业制度和现代产权制度，是因为现代企业制度的核心是股份制。股份制企业的特点有二：一是产权明晰且要落实到自然人，而国有垄断企业的资产是全体人民的，无法落实到每个自然人；二是企业资产可以交换、转让和出售，而国有垄断企业的资产不能交换、转让和出售。

国有垄断企业的资产为什么不能交换、转让和出售呢？理由有四点：

一是资产的交换、转让和出售要征得全体人民的同意，这一点目前在中国是无法实现的。因此，企业实行股份制的任何交换、转让和出售行为都是非自愿的，不会征求股份持有人的意见。任何代理人都不具有国有资产的处置权。

二是从理论上讲，国有垄断企业的资产（行政垄断、资源垄断等）有自然增值和经营增值两种属性，且自然增值属性可以无限大。因此，国有垄断企业既不能出售，也不能与其他任何企业实行股份制合作。

三是具体到企业层面，随着“抓大放小”战略的实施，目前每一个国有垄断企业都极其庞大，其资产不是任何一家民营企业都有能力购买的。如果实行以股份制为主的现代企业制度，自然会形成评估过程中的利益输送，而这种利益输送的价格是无法体现其价值的。

四是目前我国一些国有企业（如中石油、中石化等），一方面有高额的利润在股东之间分配，其中一部分形成国有资产的红利，另一方面也有一部分红利进入了非国有的利益集团。与此同时，国有垄断企业又享受了国家巨额的财政补贴，直接用纳税人的钱补贴给了不应该接受补贴的利益集团。因此，国有垄断企业不适宜建立现代企业制度。

我认为王忠明先生关于竞争领域国有企业改革的研究观点，是非常精辟而深刻的。

更具体点，至少有以下几点理由：一是我国 30 年国有企业改革的伟大实践已经充分证明了建立现代企业制度的成功，也就是文章中阐述的“抓大放小”的改革过程和结果；二是竞争领域的国有企业资产规模相对较小，资产价值的评估难度不大，即使在改制过程中也会出现国有资产流失的现象，但不会影响大局，甚至可以忽略不计；三是竞争领域的国有企业首先应让位于民营企业，国家没有必要办企业与民争利（这在很多经济学家的理论中都有正确的阐述）。从长远和发展的眼光来看，用市场经济的逻辑去推断：在竞争性行业，国有企业的彻底退出只是时间问题和付出代价多少的问题。个别行业、个别企业的成功并不具有一般的指导意义。这里顺便要提一下，王忠明先生对于组建大飞机公司应吸收非公资本介入和电信业改革应吸收民营企业参与的改革建议无疑是正确的。但我认为这是属于竞争领域的事情。因为国家资本本不该进入大飞机公司，电信业则应尽快逐步实现民营化。这种时间与代价的付出是必要的和不可挽回的。这也说明了即使在竞争性领域，国有企业的改革也是充满争议和风险的。所以说，竞争领域的国有企业改革，冒这种风险是必须的，也是应该的，而国家垄断企业改革不必要也不应该冒此风险。

现代产权制度的核心是在产权明晰的基础上实现企业资产的可交换、转让和出售。按照王忠明先生的观点，国有企业的产权再清晰不过，尤其是国有垄断企业。既然是国家所有，那么有什么理由建立现代产权制度呢？有什么理由要实现交换、转让和出售呢？目前国有企业（包括垄断领域与竞争领域）改革的思路就只有一个，就是为使现有的国有资产实现保值增值，尽管具有不确定性，要保值增值就只有通过投资和生产经营才能实现，要赢利就只有通过企业的股份制改造才能实现。由此可以得出结论，建立现代产权制度和建立现代企业制度是一个问题的两种说法，同样适用于竞争领域的国有企业改革，而不适用于垄断领域的国有企业改革。

至于国有垄断企业到底适合什么样的改革路线，还有太多问题需要探讨。从我国国有企业改革30年的发展历程和目前的情况来看，国有企业改革取得的阶段性胜利有目共睹，举世公认。王忠明先生的观点既肯定了国有企业改革30年的辉煌成就，也指出了国有企业改革的艰难。我认为，它对指导现在和将来竞争性领域的国有企业改革是有重要指导意义的，但并不适用于国有垄断企业的进一步改革。如果依此观点全面指导今后国有企业的改革，将会矛盾重重，后患无穷。至少我们目前在理论上难以自圆其说。

因此，我认为是要认真研究一下我国目前国有企业改革的思路了。研究的重点首先是要把垄断领域的国有企业和竞争领域的国有企业区分开来，其次才能分类研究国有企业其他方面的改革。我认为，国有垄断企业只有实行单一的国有体制，才能完成全体人民赋予国家的重托。我们不是已经总结出了“社会主义的举国体制能够集中力量办大事”的经验之谈吗？难道还怕搞不好国有垄断企业。所以说，国有垄断企业实行单一的国有体制即使不是最优选择，也应该是最正确的选择，而且我认为这种改革思路对我国正在进行的金融业改革也有借鉴意义。

问题之四：如何体现效率公平?

国有企业的效率与民营企业的效率孰高孰低，一直是争论的焦点。可以说，这个问题的答案本来是清楚的，但永远是“公说公有理，婆说婆有理”。为什么呢？因为角度不同，难免得出不同的结论。国资管理部门往往引用的是绝对效益和同比增长率，但这没有任何意义，因为他们要的是政绩，而非实际效率。

根据2009年国资委公开披露的央企实现利润8 000亿元（高于2008年的利润所得），以及2007年（效益较好的一年）的利润所得，我得出了国有企业的投资收益（资产利润率）不如存入银行的利息高的结论。实际上，按照2009年中国500强企业公开披露的信息，国有企业的资产利润率为1.5%，而民营企业的资产利润率至少为3%，二者相差50%。孰高孰低，一目了然。

为了支持这个观点，我查了近3年国有企业的资料，2007年国有企业资产为35万亿元，实现利润1.7万亿元，资产利润率为49%。2008年中央国有企业实现利润总额为6 986亿元，除央企外其他国企是负利润，所以全国国有企业的资产利润率只有1.99%。2009年中央国有企业实现利润总额为8 000亿元，除央企外其他国企是负利润，所以全国国有企业的资产利润率也仅有2.3%。

以上数据充分说明，全国国有企业的资产利润率非常之低。2008年恰逢全球严重的金融危机，资产利润率就更低；即使在2009年，中央的4万亿元投资大部分都投向了国有企业，其资产利润率也只有 2.3%。

以上数据还说明，全国国有企业的生产经营利润还没有同期（2007~2009 年）的银行存款利息高。如果 35 万亿元资产存入银行，按照 3.33%（三年定期存款利率）的年利率计算，每年的利息收入可达 1.17 万亿元，那么 3 年的利息总和就是 3.5 万亿元，高于同期 3.198 万亿元的经营利润。

既然国有企业的利润如此之低，人们不禁要问，为什么不仅要维持国有企业在垄断行业固若金汤的地位，还要在竞争性行业大举进攻呢？我相信这是很多人的疑问。

2009 年中央国有企业地王频现。一部分中央国有企业向竞争性领域的全产业链进军，以及全国许多地方亏损的国有企业兼并重组赢利的民营企业等事例，让人一头雾水，百思不得其解。由此，全国人民对垄断国有企业高管薪酬的种种非议就不难理解了。

所以，我认为 8 000 亿元利润只能说明，2009 年中央国有企业的利润比 2008 年提高了 14.6%，没有什么更深远的意义，对于全国国有企业改革更没有指导意义。应该引起我们注意的是对国有企业改革路径和思路的深刻反思，应该从微观和宏观两个层面校正对国有企业的改革思路，一定要把国有企业改革和国有企业管理体制的改革区分开来。唯有如此，才能厘清改革的思路，制定出更好的改革方针和管理办法。

问题之五：改革思路需要厘清

当前国有企业改革的成绩不容否定，但国有企业改革实践和做法依然存在不容忽视的问题，在很多问题上没有达成共识。之所以如此，我认为，原因在于把国有企业改革与国有企业管理体制改革混为一谈。要改变这种状况，使国有企业改革沿着正确的方向前进，必须把两者分开研究。

近几年，我国的国有企业改革再次引起了经济学家、政府官员和广大民众的广泛关注，与此相关的各种评论和国资管理部门部分官员的言论一时成为舆论的焦点。一些国有企业的掌门人颇感不平，广大人民群众则是怨声载道，尤其是部分央企管理人员的高薪、频频出现的地王、一些地方政府对民营企业兼并重组中无视财产权保护的现象等，再一次把国有企业改革的话题推向了舆论的风口浪尖。面对这种情况，国有企业管理部门的官员、民营经济的代表人物和部分关心国有企业改革的学者发出了不同的声音。但到目前为止，仁者见仁，智者见智，却不见中央政府高层对此有何表态，对一些敏感且明显错误的做法似有扼制，但干预的力度相对较弱，不痛不痒，甚或造成更大的麻烦和不公。

因此，我认为如果再不厘清国有企业改革的思路，将对中国社会的进一步发展造成难以愈合的创伤，并会影响诸如政府职能转变等其他方面的深层次改革，甚至影响到安定团结、落实科学发展观和建立和谐社会的终极目标。当前，要使国有企业改革走上正确的道路，首先要弄清楚国有企业改革与国有企业管理体制改革是两个完全不同的概念。如果对这两个概念都搞不清楚，必然会像盲人摸象一样，把局部当全部，从而无法准确定位，结论也就难免南辕北辙，最终贻误改革的大计。

谈到这里，我们有必要对国有企业改革和国有企业管理体制改革的概念做个说明。何谓国有企业改革？顾名思义，应该说国有企业改革属于企业改革的范畴，只不过改革的主体由一般企业变成了国有企业，但仍然是微观层面的改革，即如何把国有企业搞好？也就是我们常说的应如何正确做事。

何谓国有企业管理体制改革？很显然，1998年时任总理朱镕基主导的“抓大放小”的国有企业改革战略，虽然国家为此付出了沉重的代价，交了很多学费，但毕竟也取得了很大的成功，全国人民有目共睹。这是国有企业管理体制改革成功的范例。其原因就是国有企业不赢利，效率低，因而需要大力发展民营企业。我国30多年来改革开放的实践也充分证明了这一点。所以说，国有企业管理体制改革的实质就是国有企业的定位问题，即为什么要办国有企业？也就是说如何做正确的事。而做正确的事，责任在于政府，不在于执行层面的官员，更不在于国有企业的管理人员。

面对记者提出的“国有企业与民营企业哪个效率更高” 的问题，时任国资委主任回答 “企业搞得好与不好与所有制没有关系”。此话没错。看看中国的现状，国有企业和民营企业都有搞得好的，问题是这样的研究结果有什么用呢？我们能因为国有企业和民营企业都有好企业，就得出国有企业和民营企业可以平等竞争的结论吗？这样还需要国有企业管理部门和政府研究机构干什么？还要搞什么经济体制改革？甚至邓小平讲的“不搞政治体制改革，经济体制改革最终也不能成功”都成了无用的话。

国资委分配局局长熊志军曾对记者说：“国有企业现在受夹板气！……央企不挣钱，被批效益不好；挣钱了，又说不顾社会效益。”他认为如果将国有企业定位于经济组织，国有企业进入利润较高的房地产行业，无可厚非；如果将国有企业定位于社会公共服务组织，那么应该给予相应的支持。由此可见，国资委的官员对国有企业的定位都不甚清楚。在国家对国有企业的定位存在不确定的情况下，怎么能让执行层面的官员做正确的事呢？

再如国资委副主任邵宁在回应记者有关“央企都退出房地产市场”的提问时表示，如果不能解决供给和需求的问题，房价不会有太大的变化。也就是说，不要奢望78家央企退出房地产行业，使房价大幅下降。这话讲得很对，但与说话者无关，房价降与不降是住房与建设部的事。老百姓不会因为房价高而去抱怨国资委。老百姓关心的是：国有企业为什么要搞房地产？没有人能给出正确的答案。我认为78家央企退出房地产领域只是表明了一种态度，说明国资委对国有企业管理体制改革有了一个良好的认识。如果从国有企业的定位来讲，不仅仅是要78家央企退出房地产市场，而是以房地产为主业的16家央企应该统统退出才对。退出的资本金怎么办？目前，转持全民社保基金是最好的选择。大量的改革实践也充分证明：在竞争性领域，国有企业的效率明显低于民营企业，这已被新中国成立以来国有企业为主的计划经济模式所证明。退一步讲，部分央企对房地产业有感情，国有企业进入保障性住房领域难道不是最好的选择吗？这样的定位不是更符合民意吗？当然，国资委没有这样的权力，国资委的官员更没有这样的权力。国有企业管理体制的改革需要更高的决策层用更大的智慧和魄力去解决。目前，不是时机不成熟，不是是非不清楚，而是想做不想做，愿做不愿做的问题。

从以上国有企业改革与国有企业管理体制改革的区别说起，不能不联想到近几年舆论热议的“国进民退”现象。到底是支持“国进民退”还是支持“国退民进”，作为一种民间议论，我认为都无可厚非，站在不同的角度会就同一个问题得出完全不同的结论。但我们一些官员的解释难以做到以理服人。2010 年全国政协会议期间，一位发言人面对记者提问有关“国进民退”现象时说：“2009 年工业增加值：私企增长 18.7%，国企只增长 6.9%；总资产：私企增长 20.1%，国企只增长 0.8%；从业人数：私企增长 5.3%，国企只增长 0.8%；主业收入：私企增长 18.7%，国企下降了 0.2%；总利润：私企增长 17.4%，国企下降 4.5%。”由此该发言人认为这些“可靠的”数据不支持“国进民退”。

这些数据言之确凿，颇显官员自负，但其回答显然牛头不对马嘴，甚至连什么叫“国进民退”的概念都没搞清楚。如此下去，国有企业管理体制改革如何能准确定位？但其回答却证明：民营企业不仅效率比国有企业高，而且解决就业的人数也比国有企业多，对国家的贡献比国有企业大。因此，现在是国家尽快厘清国有企业改革思路的时候了。现在不做，更待何时?!

值得欣慰的是，2010 年年底，集新定位、新思路、新领导、新气象于一身的中国国新控股有限责任公司成立，不仅为目前我国国有企业改革和国有企业管理体制的改革指明了方向和目标，而且不容置疑地成为国有企业体制改革创新的开端。

第五章 超越国企改革深水区

国企改革的终极目标是什么？我认为可以表述为定位准确、产权清晰、公益为主、部分垄断，并彻底退出竞争性领域。国企改革的核心问题不是私有化，不是去行政化，而是明确产权、分类管理，根据不同领域进行不同的改革尝试。此外，国资委是国务院委托的对国有资产进行监督与管理的特设机构，在产权所有人缺位的情况下，代表国家对国有企业的生产经营与改革进行管理和指导，因此还应进一步厘清国资委的作用。国有企业改革和民营企业发展确实有很多问题，大有研究和讨论的必要。进入改革的深水区，目前亟须进一步厘清思路，从顶层设计入手，未雨绸缪。

国企改革的终极目标是什么?

国企改革是目前中国经济体制改革和政治体制改革不可回避的重要问题之一。国企改革的终极目标是什么？我认为可以表述为定位准确、产权清晰、公益为主、部分垄断，并彻底退出竞争性领域。

定位准确，就是要回答为什么要办国有企业。不容否认，国有企业已是客观存在，不存在今后要不要办国有企业的问题，而是如何办好和如何退出的问题。因此，在国有企业的定位问题上，一定要消除三大误区。一是国企改革的目标是私有化，把国有企业的资产通过变卖、转让和股份制改造变为所谓的私有制企业，这与苏联的私有化证券改造无异，不仅会造成国有资产大量流失，而且与社会主义生产资料公有制相违背。这种做法无法向全国人民交代，也不符合建立社会主义市场经济的目标。二是国企改革的目标是市场化。所谓市场化，是指对绝大部分国有独资或国有控股的大企业集团实行股份制改造，使它们成为自主经营、自负盈亏、有效治理的现代公司。这种市场化改革模式，虽然基本上与中共十五大、十五届四中全会关于国有企业改革的表述一致，但没有提出明确的分类管理思路，会进入国有企业改革的阶段性误区。该表述用在竞争性领域无懈可击，即使付出一定代价也是值得的。如果在公益性或部分自然垄断性领域推行市场化改革则存在较大的不确定性。因为公益性领域与市场化是不兼容的，而部分自然垄断领域的国有资产的资本取之不竭、用之不尽，存在无限增值性，所以在这些领域只能实行单一的国有独资体制。在任何时间、地点向任何人的无偿赠予和有偿交易都是非法的、不合理的。三是国企改革的目标是去行政化。在中国目前的经济体制与政治体制框架中，国企改革的去行政化纯粹是一个伪命题。国企的国有资产属于全国人民，这一点谁也不能否认，也无权否认。国有企业的资产无法量化，也不能量化到个人，中国的宪法明确规定，国有企业资产是由人民民主专政的社会主义国家性质决定的。在没有建立国民权益基金之前，国有企业的资产是全国人民委托国务院管理的，国资委作为国务院的直属特设机构，行使对国有企业资产的监督权和管理权。试问在这种情况下，国企改革的目标怎么能够是去行政化呢?

对于国有企业改革而言，当务之急是建立国民权益基金。国有资产流失在国企改革一开始就存在，至今仍未解决，也是研究国有企业改革的专家、学者们争论不休的大问题。对此，我特别推崇经济学家陈志武的建议和意见，即通过建立国民权益基金的做法进行管理，真正实现产权到民的终极目标。具体做法是，首先将国有企业的资产和国有股权注入 32 个国民权益基金，其中一个是全国性的国民权益基金，把现有的央企资产及中央部委所属的国企股权全部注入其中。然后，把国民权益基金的股份分摊到全体公民身上，这样产权可以落实到自然人，但不能私分，以实现真正的全民所有制。另外，31个省市分别成立各省市的国民权益基金，把各省市的国有资产全部注入其中。此后凡涉及国有企业的资产交易，均需通过国民权益基金，即出资人来实现。这样就解决了原来的全民所有制产权没有到位的问题，由虚转实，真正做到了产权清晰，而全国人民则可以理所当然地分享国有资产的经营红利。

公益为主和部分垄断，是因为在公益性领域和部分自然垄断领域的国有企业涉及国计民生，必须得到保障，负有重要的社会责任和国家使命，不存在股东利润的最大化，只存在社会效益的最大化和最优化。所以这类国有企业即使不赚钱、不赢利，也是国民权益基金必须存在和加强的领域。这样的管理思路和机构设置也可称为次优选择。

当然，新建立的国民权益基金怎么运转、管理机构设置及归属需要专门研究。现在的国资委可由原来国务院的直属特设机构变为国民权益基金管理委员会下属的国有资产监管机构，但不具备出资人的角色。所以，国有企业改革在明确定位、明晰产权以后，实现公益为主、部分垄断和彻底退出竞争性领域的终极目标就不存在任何障碍和问题了。而在竞争性领域，全国人民的国民权益基金又何必与民争利呢？

该不该把国有资产均分给老百姓?

国企改革的核心问题是什么?有人认为国企改革的核心问题是私有化,即把国有资产平均分给全国人民。有人认为国企改革的核心问题是去行政化,因为政府不能办企业,政府办企业在各国都被证明是有问题的。还有人认为国资委已成为国企的一个利益集团代言人,是未来市场化改革的最大障碍之一。我认为,以上观点不排除理论上的合理成分,但结合中国国有企业改革的实际情况,考虑到目前中国宪法的基本原则,该观点有失偏颇,不利于指导国企改革。所以,有必要澄清和厘清一些基本问题。

国企改革的核心问题不是私有化。到目前为止,私有财产神圣不可侵犯之原则并未写进《中华人民共和国宪法》,而社会主义市场经济体制与市场经济体制的最大不同就在于生产资料的公有制。国有企业的资产显然是属于全国人民的。国家只是代表全国人民在行使国有资产的经营权、管理权和监督权。国资委则是国务院授权的国有资产监督管理的特设行政机构。

按照经济学的产权理论，有人认为全国人民均分国有资产是简单直接的私有化，因而提出了通过资产市场等形式，使其逐渐变成股份公司，建立现代企业制度的想法和建议。用心推敲，这种想法和建议与私有化并无实质的区别。因为股份公司的产权本来是可以落实到自然人的，包括与国内外公司的合资合作等。私有化并无简单与复杂、直接与间接之别，只是产权改革的途径和路径不同而已。

至今，这方面的改革建议和创新不是没有，只是大多数经济学家还没有进行深入了解，也未得到政府的认可。这就是陈志武教授提出的建立国民权益基金的伟大构想。照此逻辑，既解决了国有企业的产权所有问题，也避开了私有化之嫌。在解决了产权所有的核心问题以后，在此基础上再根据目前国有企业的现状进行分类改革，稳步推进，即可实现国企改革的长期红利。

稳步推进可分三步走：

第一步，把国有企业的产权划归国民权益基金（按照陈教授的建议，全国设一个，每个省设一个）。由国民权益基金会作为国有企业资产的出资人，其管理的资产虽可以落实到每个自然人，但不能私分，而每个自然人理当分享国有资产的经营红利。

第二步，由国民权益基金会代表所有人对全民资产进行分类管理。公益性行业和自然垄断行业的国有企业即使不赢利、不分红，全国人民也不会有意见。而在竞争性行业，国有企业没有存在的必要，也没有必要承担经营风险，可以视目前国有企业的现状逐步退出。退出的原则是不与民争利。

第三步，在厘清产权的基础上，研究如何管理与深化改革国有企业，寻求一种相对较好的经营管理模式，因为不存在或找不到最优模式。

国企改革的核心问题也不是去行政化。在中国目前的经济体制和政治体制框架中，不是政府不能办企业，而是办什么样的企业？怎样办企业？况且，国有企业已是不可否认的客观存在。

我个人认为在公益性行业和自然垄断行业必须由政府办企业，而这类企业不存在去行政化的问题，而是必须行政化或准行政化。其管理工作虽然与政府行政机构有区别，但区别不大，因为这类企业既不存在股东利润最大化，也无法证明其管理人员经营绩效的高低。其公益性目标非常清楚，承担的社会责任也远大于经济责任。所以，目前这类国有企业存在的核心问题不是去行政化或建立现代企业制度等，而是做好分类管理和行业指导，建立一套有中国特色的国有企业管理体制和机制。当然，不排除在一部分公益性行业和自然垄断行业进行国有企业的委托经营试验。成功则推广，不成功即终止。

国企改革的核心问题是正本清源，要进一步厘清改革思路。国资委是履行国务院委托的对国有资产进行监督与管理的特设机构，在产权所有人缺位的情况下，代表国家对国有企业的生产经营与改革进行管理和指导。说它是国有企业利益的集团代言人没错，说它是未来市场化改革的最大障碍之一不免言过其实。实际上，目前国有企业改革和国有企业管理体制改革的重大任务不是国资委可以完成的。既需要中国高层审时度势的英明决策，也需要更多学者的认真研究，进一步厘清国有企业改革的思路，认真对待国有企业改革不能回避的问题。

国企改革的问题："国进民退"还是"国退民进"

"国进民退"是指国有资本进入和民营资本退出，"国退民进"是指国有资本退出和民营资本进入。上述两个概念，有进有退，进退有据，进退自如，顺其发展，本无问题。真要当成问题研究，就是研究伪问题，注定无解。

但国有企业改革和民营企业发展确实有很多问题，大有研究和讨论的必要。目前亟须进一步理清思路，从顶层设计入手，未雨绸缪。

从央企分红看"国进民退"

据《半月谈》杂志报道，中央国有企业负责人披露了 2010 年央企实现利润总额的分配情况：2010 年实现总利润为 11 315 亿元，其中上缴所得税 2 825 亿元；归少数股东的利润为 2 869 亿元；企业法定留存约 25%，即 2 800 多亿元，主要用于提取法定公积金、任意公积金等留存收益，用于企业弥补之前亏损、扩大生产经营等；最后剩下的25%才是母公司可以支配的利润，大约为2 800亿元。

按照以上逻辑推算，剩下的2 800亿元应该就是国有股东（政府是所有者的代理人）依法取得的收益。这些钱主要用于四个方面：一是扩大再生产（与前述留存收益有重复），二是弥补国有资本金投入不足，三是解决企业历史负担，四是用于科技创新。一言以蔽之，这些钱都用在了企业改革发展上。

真是不看《半月谈》不知道，一看吓一跳。原来央企是这样分红的。

我们不妨做一个简单的假设：甲、乙、丙三个股东投资建立了一个有限责任公司，注册资本金为100万元，甲投入50万元，占50%股份；乙投入30万元，占30%的股份；丙投入20万元，占20%的股份。年终决算：该企业缴完各种税收后的利润为10万元，按照同股同权原则，甲、乙、丙应分利润分别为5万元、3万元和2万元。而此时乙和丙共分得利润5万元，股东甲则要把应得的五万元再投入到企业中。

如此循环下去，甲为什么还要办企业呢？还有什么动力办好该企业呢？当然，这只是为了说明问题的一个假设。而央企的分配模式却给我们提供了实例。

通过以上简明扼要的分析，我们可以得出一个结论：在央企利润的分配中，少数股东分得的无疑是真金白银，因为这些利润完全可以落实到自然人身上。而这些自然人不仅对本人持有的部分有剩余索取权，到手后可以直接消费，对利润的使用方式和用途也有话语权。至于政府以所有者身份（实际就是代理人）对国有资本收益的使用则是一笔糊涂账。如果用于扩大企业再生产，首先是对国有股东不公，违背了同股同权的基本原则，其次是造成了国家办国有企业的目的含糊不清。其结果是，作为国有企业的实际控制人得到了名（做大做强）和利（普遍高薪），而政府以所有者身份代表的所有者（实际股东）却得不到任何好处。

正是国企改革和分红的现状，才让民众对“国进民退”的质疑与声讨声不绝于耳。国家政策到底是支持“国进民退”还是支持“国退民进”，我认为都无可厚非，也许站在不同的角度会就同一个问题得出完全不同的结论，但我们一些官员的解释难以做到以理服人。

国企改革存在的问题

至于国有企业普遍存在的因监管不力所导致的腐败等问题，媒体已经报道太多，这属于国企改革衍生出来的具体问题。以我的研究和观察，目前国有企业改革主要存在以下几方面的问题：

第一，国有企业的分类管理问题。

目前的当务之急是厘清公益性国有企业、自然垄断性国有企业和竞争性国有企业，不能把三类企业混为一谈，论证其所谓的进退问题。公益性国有企业和自然垄断性国有企业有相近之处，与竞争性国有企业则有较大差别。甚至可以说，国有企业就不应该存在于竞争性领域。从长计议，一定要明确国有企业逐步退出竞争性领域的基本原则。只有在这个前提下，才可能更好地研究进退问题。

对于公益性国有企业和垄断性国有企业，必须明确以国有资本为主导的生产经营模式。至于是否允许向民营企业或外资企业开放，一定要有全局性的战略思维和工作部署。不能笼统地将公益性国有企业和垄断性国有企业向外资和民营企业开放。现在这两类企业改革存在的主要问题是：一方面没有认真做好民营企业进入垄断行业的试点，也就谈不上总结经验教训，以便更好更有序地进入；另一方面，在理论问题尚未厘清的情况下，过早地引入了外资企业，造成国有资产向外资企业的大量流出和利益输送，致使产生了严重的社会不公平现象。与此同时，部分国有企业，尤其是一些财大气粗的中央企业在竞争性领域纵横驰骋，大举进入，利用其资金、资源、土地和政府背景等优势，大大挤压了民营企业生存和发展的空间。这种暂时的赢利假象为以后的退出埋下了重重隐患，也造成了只要“国进民退”就可以促进经济繁荣的错误判断。而真正的“国退民进”并没有真正开始，只不过我们的政策过早地对外资和外企投其所好，对民资和民企一直在排斥。这种现象在中国古已有之，不足为怪，在今日改起来很难，但这却是国有企业改革要解决的首要问题。

关于国企改革的分类管理问题，我们在后面有更为详细的论述，这里点到为止。

第二，国有企业的社会责任问题。

为什么经济学界对“国进民退”和“国退民进”的问题争论不休？我认为，除去分类管理的思路不清外，还有就是对国有企业的社会责任问题没有进行深入研究。

首先，国有企业要在资源垄断、国家安全、军队国防领域、环境保护、义务教育、公共卫生，以及保障人民生活必需的水、电、气供应等公益性行业深耕细作，在这些行业负起重要的社会责任。实际上这类企业不是真正的市场竞争意义上的企业，也可以说是准国有企业。很多时候，该类企业需要财政拨款补助。即使民营企业进入，也要有一定的外部条件的约束，如准入标准、承包指标、业绩指标、由国有企业持有黄金股或具有一票否决权等相关管理措施和手段。总之，该类企业的社会责任是第一位的，经济效益是第二位的。既然如此，在这类企业实行所谓的管理层高薪分配制度就是不合理的，甚至已造成严重的社会问题，后患无穷。

其次，对于不同类型的国有企业应该有不同的要求。如现在正在进行的文化企业的改革，社会责任是第一位的，还要求企业具有弘扬正气、针砭时弊、传播民主理念和引导法治精神的观念。甚至要给持有不同政见者的作品创造优先发表的机会和条件，促成百花齐放、百家争鸣局面的形成。对于一些具有深刻思想内涵和社会效益，但是经济效益较差的作品应给予一定的财力支持。

最后，对目前事业单位改为企业的问题要慎重对待。主要包括改革后的企业性质、出资人、业务范围、事业单位职工身份转换等问题，其中事业单位职工的身份转换是核心问题。现存问题是原来的国有企业改革思路尚未理顺，又要把现有的一部分事业单位转为企业。这种渐进改革的思路和模式没错，但人员问题还是彻底解决为好，应由财政出钱一次赎买，不留后遗症。这种长痛不如短痛的改革举措在改革开放初期因缺乏财力不好解决，现在则不然。

第三，国有企业的出资人问题。

从过去、现在和将来国有企业发展的趋势来看，大国资统一监管是必然趋势。这里讲的大国资，主要是针对出资人。

首先，从国家和全民的角度考虑来看，国有企业应该只有一个出资人，不管是在公益性、自然垄断性，还是在竞争性国有企业；不管是在生产经营企业，还是在商业贸易流通企业；不管是在房地产开发企业和其他服务企业，还是在银行、证券类企业；不管是在文化传媒、网络媒体企业，还是在教育和医疗卫生企业。只要是国有企业或国有控股企业，出资人都只能是国资委。

其次，在重视资金、土地、矿产资源等有形资产的基础上，还必须重视国有企业的无形资产。如电视频道、广播频道、报纸杂志刊号、出版业、传媒业的市场准入，甚至限制其他主体进入的行政保护等手段，都属于国有企业的无形资产，必须引起高度重视，任何企图分散出资人的想法和思路都是错误的。

最后，要正确处理好出资人和监管的关系。不应把解决产权问题与安全管理画等号，如山西省在解决煤矿生产乱象时，错误地认为国有企业取代民营企业就可以解决矿难问题，这从理论和实践的角度看都很荒诞。众所周知，矿难频发的主要原因是法规形同虚设、有法不依、失职违规、监管不力和官商勾结。但总结经验教训时，却把板子打在了市场的屁股上。短短一两年，山西煤炭的产供销又被行政全程管制，一夜回到20年前。这种所谓的政府创新之举其实后患无穷。

第四，国有企业的管理体制改革问题。

主要是国有企业和国有资产的分类监管问题。如果说国资委是管人、管事、管经营，那么在大国资统一出资的前提下，政府的行政监管主要是行业的分类监督。除现有的证监会、银监会外，还应根据国有企业在行业的分布情况和行业性质成立文监会等相应的政府监管组织。

第五，国有企业自身改革问题。

上述四方面的改革主要是讲如何做正确的事，而国有企业自身改革则是在讲如何正确做事。如果对这两方面的改革思路不清，认识糊涂，很容易陷入所谓的“国进民退”与“国退民进”的表象之争，或者说就伪问题争论不休，结果可想而知。

深化国企改革的五大误区

自《决定》中再次提出和肯定混合所有制以来，媒体、学界和实业界关于国有企业实行混合所有制的讨论在一阵喧嚣和热闹之后终归沉寂。透过现象看本质，我仍觉得有必要厘清关于继续深化国企改革方面的五大误区。

误区一：国企改革的方向是市场化。

从原则上讲，国企改革坚持市场化方向无错，不过这只是一个笼统的概念。如果不对国有企业实行分类管理，界定不同职能，进行目标改革，这种提法就是错误的。在公益性行业、以社会责任为主要职能的国有企业，坚持市场化改革的方向就是导向性错误。而在竞争性行业或是自然资源垄断行业需要放开的领域，坚持市场化改革的方向就是唯一正确的道路。

误区二：国企改革的目标是私有化。

到目前为止，所有认为国企改革的目标是私有化的人犯了两个严重的错误。一是其认识完全背离了社会主义市场经济以公有制为主的现实和实现共同富裕的总体目标，把资本主义的生产资料私人占有制理论错误地套用在社会主义市场经济的身上。二是完全抛开了我国社会主义的根本大法，结论难免南辕北辙。况且，按照现代企业制度同股同权之原则，要把庞大的国有资产通过私有化分给每个人，根本难以进行可操作性的制度设计。部分经济学家就这方面改革提出的产权到民的理论研究，既有创新性，又有现实的可操作性。要在国家经过一定的程序，将其提上议事日程以后，再展开广泛讨论，认真研究，审慎设计，以提出更加周密的改革思路，选择最佳改革时机。

误区三：国企改革的路径是去行政化。

有很多人认为，国有企业改革要去行政化，不能把行政管理手段和办法套用于国有企业管理。只有建立现代企业制度，才能搞好国有企业。这种看法貌似正确，其实存在很大的误区。究其原因，主要是没有弄清国有企业的分类。如果在竞争性行业，这种观点无懈可击。现代企业制度的发展和完善主要有赖于高效的董事会治理结构。也就是说，真正的现代企业制度无须行政化管理。而我们现在的许多国有企业根本不具备现代企业制度的特征。有的企业的业务在一定程度上还属于行政或准行政事业管理。还有的行业和企业的业务属于行政垄断，是在限制其他所有制企业准入的前提下开展的，甚至经常拿到国家和地方政府的财政补贴。所以说，这些企业并没有建立真正的董事会，领导干部属于任命制，而非通过市场竞争选拔产生。即使有的企业建立了董事会制度，也属于临摹式的现代企业制度，对于这类国有企业，怎么可能去行政化呢？

所以，我认为在这类国有企业中，更应该强调的是行政职务聘任制、技术职称聘任制和各种责任制管理，并辅之以有效的行政监管。这种选择虽称不上最优选择，亦属于次优选择，因为没有最优选择。

误区四：国有企业不能彻底退出竞争性领域。

习近平主席在2014年两会期间指出：国有企业改革只能加强，不能削弱。有人就此得出错误理解，认为国有企业不能全部退出竞争性领域，其理由大概就只有一条，有些竞争性行业的国有企业还搞得不错。持这种观点的人忽略了一个基本现实，即现存的少数在竞争性行业的国有企业还有利润，是由过去倒闭了一大批国有企业，损失了一大批国有资产，浪费了大量人财物才换来的。其搞得不错的原因，无非是占有了一大批优良的国有资产，主要是土地和房产资源。也有部分企业利用了国家信用和不可多得的地理区位优势，如香港招商局等。当然，也有个别企业是因为选对了一个职业经理人，但这种情况很少，可遇不可求，没有规律性和可借鉴性。虽然这些企业利润每年都有所增长，但与其占有的资源相比，资产利润率还是很低的，也就是说效率并不高。

当然，竞争性领域里的国有企业改革有两种办法：一是继续在竞争性领域发展，上缴红利，假如有一天经营不下去的话，再通过兼并、重组等措施进行改革，交二次学费；二是主动明确退出的行业、路线图和时间表，把退出的国有资产用在社会保障和民生等方面。

维持现状和选择退出各有利弊，还需决策者通过“两利相权取其重，两害相权取其轻”的原则来平衡解决。我个人认为，从过去国有企业改革的经验教训和今后的发展趋势来看，主动退出要比被动退出和被迫退出好得多。

误区五：国有企业搞得好与坏与所有制没有关系。

混合所有制概念再次被提出和肯定以后，在学界和实业界引起广泛争论再正常不过。但也有很多观点失之偏颇或了无新意，尤其是很多人企图否定所有制对企业发展的巨大作用，甚至认为企业搞得好与坏与所有制关系不大。

对此，我们应该认真学习、深刻领会《决定》精神，中央再次提出和肯定混合所有制的概念，意义明确且深远。一是体现公平竞争，不搞所有制歧视；二是终结“国进民退”和“国退民进”之讨论，发挥市场在配置资源中的决定性作用；三是鼓励国有企业与私有企业合作，通过发挥不同所有制企业的核心竞争力带动其他企业共同发展。由此可见，中央的意图不是要混淆，更不是要淡化和漠视所有制概念，而是再次明确国企改革重在发挥资本带动力和各种所有制的优势。

第六章　顶层设计与国企改革的逻辑

“顶层设计”的概念起初由学者提出，并被写入国家发展的“十二五”规划当中。按照字面意义，还可理解为高层设计、上层设计等。其主要含义是，随着中国社会的深入发展，许多关于经济、政治体制改革的重大举措需要党中央和国务院根据天时、地利、人和果断推出，以免错过最佳改革时期，贻误中华民族的改革大计。在关系到国计民生、需要顶层设计的重大问题中，国企改革应走在最前列。顶层设计是个好东西。在不同的历史时期和发展阶段，顶层设计都没有错，错在顶层不设计、不想设计、不愿设计或不敢设计，从而错过改革的良机。国企改革的攻坚克难阶段必须要顶层设计，进而顶层推动。

做好顶层设计，切莫空谈改革

在中国现实语境下，国企改革从来就不是孤立的经济改革，而是包含政治和社会改革的内容。因此，必须将国企改革纳入顶层设计。

空谈“主义”只能贻误改革契机

若干年前，中共创始人陈独秀等人与某学者关于“问题”与“主义”之争曾轰动一时，其观点正确与否本无答案，争论的双方是从各自不同角度出发而阐述理由的。由于目的不同，动机不一致，尤其是受到时代背景的限制，争论自然是不了了之。现在回过头来看，似无多大意义。

吊诡的是，“问题”与“主义”之争在今天再次以形形色色的方式出现，但这是个真问题吗？

（一）人为的伪“主义”

今日中国已经进入一个崭新的历史时期。中国的舆论环境大为改善，宪法赋予公民的言论自由涉及政治、经济和文化生活的各个领域。向政府建言和表达不同观点的社会氛围日渐融洽。可以说，在目前中国社会的语境中，任何对中国政治、经济、社会和文化建设与改革的建议和意见都可以做到自由表达，供执政的中国共产党及其领导下的政府参考，并转化为国家的大政方针政策，力求使政策的制定更符合民意。此形势来之不易，需要广大民众及社会精英倍加珍惜。在这种情况下，尤其需要社会精英在表达自己观点的同时充分表达民意和民声。我认为现在存在的问题是：谈“主义”的多，研究“问题”的少。非此即彼的争论多，真正直面现实，提出解决问题的观点少。因此，我们应该提倡和引导经济学家和社会学者多研究“问题”，少谈论“主义”，把研究的精力放在解决中国社会发展和经济建设的主要问题上来。

为什么我要提出这样一个思路？因为在我们目前的研究中，出现了或者说存在着一些不正确的理论分析和不恰当的归纳。如把经济学研究者分为主流经济学家，那么也就还有非主流的经济学家；研究古典经济学和奥地利经济学派的人，被冠以自由主义或新自由主义经济学家的称号；把凯恩斯主义经济学包装成国家干预主义等，实际上是在偷换概念。还有的研究把一些经济学家和其研究观点贴上“左”或“右”的标签，甚至陷入宏观经济的软着陆与硬着陆之争，为本无标准的软硬之争掺入了情绪化的论辩。又如面对当前中国社会在改革发展中出现的新情况、新问题，在没有提出理性的改革建议和意见的情况下，提出所谓的利己主义的概念，认为中国社会存在问题的症结源于利己主义。而利己主义的形成与亚当·斯密开创的古典经济学有关，来源于现代经济学教科书中“理性经济人”的概念。

摆出以上问题和研究现象，并不是想就哪一个问题弄个水落石出，争个你死我活。我只是认为，这些问题都没有过多争论的必要。经济学家也就是经济学者，或者经济学人，没有什么主流与非主流之分；个人观点就是个人观点，没有什么“左”“右”派别之分。如果硬要分，那就是思想还停留在中国“文化大革命”时期的非“左”即“右”的惯性思维中不能自拔，不仅于研究工作无益，还会影响工作情绪和研究效果。至于现实中存在的所谓利己主义的种种表现和不道德行为，应予以抨击和揭露，需要我们制定相关的社会发展政策予以扼制和校正引导，但远未形成什么“主义”，也无必要上升为主义之争，其实就是一些需要研究解决的问题而已。

（二）一个经不起推敲的“逻辑”

今天，学术界有些学者将市场经济当作批判自由主义的靶子，这是一种基于对自由主义与市场经济之间逻辑关系不清而得出的谬论。这种人为臆造的“问题”与“主义”之争，对坚持市场经济改革方向的危害非常大，必须予以澄清。

所谓自由主义，就是自由主义思想。它的核心价值观是追求个人价值和个人权利。自由主义者认为，除非会危害到他人，否则个人的经济自由不应受到限制，个人也没有必要为自己的行动向社会负责，因为这种自由行动本身就会给社会福利带来额外的好处。、

追溯历史，严复是最早主张自由主义的学者之一。他的重要译著是亚当·斯密的《国富论》和《论自由》（又译为《群己权界论》），与他同时

期的中国自由主义代表人物有郑观应、黄遵宪、康有为、梁启超、谭嗣同、蔡元培、胡适、陈独秀、鲁迅、周作人、梁实秋等人。现在主张自由主义思想的也大有人在，但都难具代表性。

自由主义思想具有显明的政治诉求，它在政治上主张宪政和民主政治，在经济上主张个人财产权和市场经济。但自由主义和市场经济是两个完全不同的概念，尤其是不能把自由主义和市场经济画等号。因为在不同的年代，自由主义包含不同的内容，体现着不同的思想和追求。毛泽东同志曾把“事不关己，高高挂起”“明知不对，少说为佳”“明哲保身，但求无过”和“只要组织照顾，不要组织纪律”的行为划为自由主义的表现形式之一。

而市场经济自诞生起，就有着严格的定义和内涵。它是指这样一种经济制度，在这种经济制度下，消费者与企业在“看不见的手”的指引下，通过市场相互发生作用，决定经济组织的三个中心问题——生产什么和生产多少，如何生产，为谁生产。首先，消费者的“货币选票”决定了生产什么和生产多少；其次，如何生产也遵循价格信号所指示的方向，生产要素的价格决定了追求利润最大化的企业使用哪些生产要素、采用什么技术来进行生产；最后，为谁生产是由生产要素的生产供给和需求决定的。这里的供求关系决定了要素价格：工资率、地租、利率和利润。各种要素的所有者、土地所有者和资本所有者，便根据其拥有的要素在生产中的贡献取得相应的收入份额，完成社会收入的分配。市场经济是不以人们意志为转移的客观存在，不能因为自由主义者崇尚市场经济就把市场经济划归自由主义的范畴。

中国共产党在长达90年的社会主义革命和建设中形成了重大理论成果，即毛泽东思想、邓小平理论、“三个代表”重要思想和科学发展观。这个理论体系中，毛泽东思想主要是对民主主义革命的实践总结，邓小平理论是指导中国改革开放取得显著成绩的理论概括，“三个代表”重要思想和科学发展观是对邓小平理论的继承和发展。回顾中国改革开放的历史，自由主义思想一开始与邓小平理论倡导的市场经济正好吻合。当时流行的口号包括解放思想、打破禁锢、破除僵化、扩展个人自由、冲破体制限制、呼唤民主发展等。虽然这些提法带有明显的自由主义主张，但切合当时“实践是检验真理的唯一标准”的大讨论，事实上也促进了中国的改革开放取得了举世瞩目的成绩。但是后来的反精神污染使批判资产阶级自由化的运动扩大化，并在一定范围内和一定程度上影响和制约了改革开放的深入发展。由于自由主义是主张市场经济的，所以市场经济被当成自由化的靶子。这种倾向一直延续至今，在理论界久久不散。

但形势的发展往往先于人们的惯性思维。1992年春天，邓小平在南方谈话中发表了“资本主义也有计划”“社会主义也有市场”的英明论断。邓小平南方谈话对反对市场经济、主张计划经济的人而言有如当头一棒，既是第二次为市场经济正名，也是要把市场经济与自由主义区别开来。后来，批判资产阶级自由化运动的结束和中国改革开放的历史事实也充分证明了这一点。

我认为市场经济绝对是个好东西，它可以成为不同社会制度和体制机制需要的工具和有力武器，如我们正在努力建成在民主、法治基础上的社会主义市场经济体制。那种因为自由主义在经济上要求市场机制，就把市场经济划入自由主义的范畴的行为是不合逻辑的。市场经济是客观存在的，在自由主义出现之前，市场经济本身就已存在。以历史的眼光来看，主张自由主义的人大多有政治诉求，而主张市场经济的人不一定都有政治诉求。

所以说，我们不能因为严复翻译过《国富论》和《论自由》，他本人也崇尚自由主义，就把《国富论》中关于市场经济的研究划归自由主义的范畴，甚至把我们国家现在研究古典经济学和奥地利经济学派的人归为自由主义或新自由主义经济学家，继续错误地把市场经济当作自由主义的靶子。

市场经济不是意识形态，也不是价值判断，这正是邓小平在20年前南方谈话时对市场经济与意识形态二者关系所做的正确判断。但是，由于改革开放过程中公平正义的缺失所导致的一系列社会问题，市场经济成为包括既得利益者在内的保守主义者反对改革的理由，但“遗憾”的是，这是一个经不起推敲的“逻辑”。

必须顶层设计的十大问题

我认为，有责任感的学者应该认真关注中国社会发展中存在的一些主要问题。有良知的社会大众都应尽自己的绵薄之力，理性思考这些问题，积极建言献策，不要空谈主义，更不应人为地制造“伪主义”。其作用可能有三：一是供政府制定方针政策时参考；二是国家大事，人人有责，每个人都有为国分忧的责任，以此唤起广大民众关注改革和参政议政的热情；三是像经济学家张曙光说的那样，这样做既为挣钱吃饭、养家糊口，也为消磨时光、寄托精神。这当然是一种调侃，但如果真有更多的人以此来寄托精神，实乃中国之大幸，中华民族之大幸。

那么，哪些问题才是时下中国社会改革发展中最主要、最关键、最急迫的问题呢？按照不同问题对国家发展长远性、全局性影响的重要程度，我将中国政治、经济、社会等领域需要研究关注并尽快加以解决的问题概括为十大问题。

第一，农民问题。包括土地问题，所有制问题，小城镇建设问题，新农村建设问题，乡村基层政权建设问题等，核心是土地改革问题。

第二，土地问题。包括房地产问题，私有财产权问题，国有企业改革问题，城市规划与建设问题，环境保护问题等，核心是土地产权问题。

第三，国有企业改革问题。包括土地问题，出资人问题，代理人问题，垄断、公益与竞争领域的国有企业分类管理问题，文化国企的定位问题，国有企业的边界问题，管理人员的薪酬问题，国企管理人员与国家公务员收入的平衡问题，建立国民权益基金问题等，核心是国企“非企”的问题。

第四，房地产问题。包括土地问题，产权问题，房产税问题，遗产税问题，保障房问题，商品房问题，公租房问题等，核心是土地私有化问题。

第五，医疗问题。包括基本医疗问题，享受性医疗问题，养老问题等，核心是看病难问题。

第六，教育问题。包括学龄前教育问题，中小学义务教育问题，大学教育改革问题，公办大学边界问题，民办大学发展问题等，核心是公平教育问题。

第七，社会保障问题。包括城乡二元结构问题，全民统筹养老保险问题等，核心是公平问题。

第八，政府职能转变问题。包括行政许可问题，减少审批问题，放松管制问题，公平竞争问题，政府职能部门边界问题，社会组织创新问题，行政管理与行业管理区分问题等，核心是放松管制问题。

第九，社会组织发展问题。包括公平进入问题，业务审批问题，双重部门管理问题，统一监管问题等，核心是放开问题。

第十，政治体制改革问题。包括加强和改善党的领导问题，执政党的合法议政参政问题，其他党派的议政参政问题，宪法的贯彻实施问题，基层政权的建设问题，提高政府执政能力的问题，政府政务人员和公务人员的分类管理问题等，核心是民主法治建设问题。

针对以上问题，研究人员应该说实话、说真话、说有用的话，力求复杂问题简单化，不要将简单问题复杂化。管理层应从战略高度将其纳入顶层设计的视野之中，做好设计。

顶层设计：尚佳的路径选择

（一）顶层设计的实践意义

改革开放以来，中国的经济建设及社会发展取得了突飞猛进的进步，这是不容置疑的事实。但是，现有的经济发展模式也遇到了严峻的挑战，社会发展的动力源开始减弱，经济增长的瓶颈暴露无遗。尤其是政治体制改革的滞后，解决经济建设和社会发展中机会不均等、社会不公正和分配不公平的本源问题难以从理论上自圆其说。中国的经济建设和社会发展实践再次证明：社会许多方面的进步和经济实力的增长，主要不是因为国家政策的推动，而是顺应了历史进步的潮流，得益于科学技术的突破，属于“被增长”或“被推进”。

困局面前，只能顺应历史潮流，做好顶层设计，这样中国的经济建设和社会发展才不会在全球化大潮中错失良机。在顶层设计中，党和国家的各级领导人负有重要的历史使命，这是中国改革开放以来实施的渐进性改革和阶梯性推进过程中的非常时期。因此，从政界到学界，都对顶层设计寄予了厚望，并纷纷出谋划策，积极建言，表现出对国家和民族高度的责任心，以及图强求变的信心和决心。面对各界人士对顶层设计的高度认同和期待，如何对广大人民群众的诉求和呼声因势利导，就成为理论界及学术界需要认真思考的大问题。因此，顶层设计在中国建立社会主义市场经济体系的今天具有十分重要的实践意义。

第一，顶层设计的群众基础来自中国改革开放以来的改革实践。从中国农村改革初期实行的家庭联产承包责任制到1977年恢复的高考制度，无处不有顶层设计的痕迹和影响。任何理论的形成和发展都具有很强的阶段性，而超越阶段性的任何好的想法或理论都有可能因时机不对而销声匿迹。因此，顶层设计的重要性不言而喻。

我们永远不会忘记邓小平在推动中国历史发展中的伟大作用。他的果敢和作为，在当时的历史条件下推动了中国一系列改革的深入发展。这种推动实际上就是顶层设计的结果。如果没有他的顶层设计，许多来自基层的改革实践很可能就夭折了。就1977年恢复高考制度来讲，当时的教育部门以时机不成熟、困难很多等理由推诿，而邓小平一句“你们不干，让别人去干”就干成了。这就是现实中的顶层设计。再比如国务院前总理朱镕基主持的1998年的政府机构改革，当时没有一个部门认为应该撤销本部门，而最终的改革是撤销了十多个部委，一大批行业协会应运而生。这也是顶层设计发挥作用的改革实践。

第二，顶层设计的发展思路与民主法治的改革推进具有相互促进的作用。众所周知，中国改革开放以来经济社会发展取得了来之不易的成绩，不但中国成为世界第二大经济体，而且“中国道路”引起了世界政界和学界的广泛关注。但由于中国社会民主和法治制度建设远远落后于经济改革的实践，一系列社会矛盾爆发，尤其是涉及社会公平、公正的改革举措出台势在必行。如果不能正确地解决这些矛盾，将对中国未来的经济和社会发展产生破坏性的影响。

显然，要解决这些问题，一方面要建立健全民主制度，借鉴发达国家的法治模式和经验；另一方面，顶层设计的作用不可小视。而顶层设计不可能来自民间，也不可能来自百姓。这方面，社会精英和学者都负有重要的社会责任，他们既可以传播民间呼声，又可以表达革新思想，供顶层设计借鉴和参考。但学者显然不能代替顶层设计，这一点学者与百姓无异。

顶层设计广泛存在于社会主义的计划经济体制之中这一点非常好理解，而有的人不理解顶层设计也适用于建立社会主义市场经济体制，甚至认为顶层设计等于计划经济思维，这种看法值得商榷。至少在中国改革开放的阶段性推进过程中，顶层设计不但需要，而且重要。因为任何远大的目标都需要脚踏实地、一步一个脚印地付诸实践。国家改革和发展的每一步，都会留下顶层设计的印迹。因此可以说，做好顶层设计，对于制定更加重要的阶段性战略决策和措施而言是必需的，与中国的民主与法治建设并不矛盾，可以起到互相补充和互相促进的作用。

第三，顶层设计同样要接受时间的检验和历史的考验。纵观国际历史，顶层设计正反两方面的例子实际上一直存在，花样也在不断翻新，给我们许多启示和思考。从独裁者萨达姆到卡扎菲，都是集权力于一身的顶层设计者，他们成也独裁、败也独裁的悲惨下场，就是因为顶层设计的思路和作为违背了广大民众的意志，失去了其存在的群众基础。而这种顶层设计一遇打击，顷刻就会瓦解。前苏共总书记戈尔巴乔夫顶层设计的新思维也未能挽救苏联命运，盖因其顶层设计的前提，即群众基础，已不复存在。

“皮之不存，毛将焉附？”苏联的终结未能如戈氏顶层设计之所愿，但却意外开启了一个新的时代。这就是历史的阴差阳错，可供后人继续研究和思考。但顶层设计的客观存在和历史作用却不容忽视。顶层设计也存在失败的可能性，需要常人所不具备的勇气和魄力。而负责顶层设计的执政党和政府，则要制定好改革试错的纠错机制。

顶层设计是个好东西。在不同的历史时期和发展阶段，顶层设计都没有错，错在顶层不设计、不想设计、不愿设计或不敢设计，因而错过改革的良机。

（二）顶层设计的认知误区

目前，在中国的政治语境和文化语境中，“顶层设计”一词已被广泛使用。虽学界存在不同看法，但顶层设计的客观存在和实践意义都不言自明。如果没有顶层设计，不仅中国的民主进程无法推进，很多民生问题无法解决，就连改革不合理的制度和体制也无从谈起。应该明确的是，我们把各种美好的愿望都寄托于顶层设计，并不是说顶层设计的所有改革举措都是完全正确的，是不需要实践检验的。恰恰相反，目前党和政府的顶层设计存在较强的纠错机制，不管是内生的，还是由于国内外形势所迫，抑或借鉴各国的经验教训，它确实帮助党和政府渡过了难关，促进了改革和发展。

现在面对中国改革和发展中出现的新问题，有部分学者提出，中国需要第二次“南方谈话”，显示出对改革的关注和焦虑，同时依然对顶层设计寄予了厚望。我倒认为，历史有时会出现惊人的相似，但推进中国改革和前进的绝不只是一种形式。我们可拭目以待。作为一种路径设计，顶层设计从来就不是新事物。社会转型期，顶层设计不但必要，而且越早设计，就越能掌握主动权。在此，针对目前社会对顶层设计存在的一些认知误区，我仅抛砖引玉，集中谈谈以下五个方面的问题。

第一，顶层设计是个好东西，尽管可能不是最好的东西。顶层设计不能解决所有的问题，但可以解决许多重大问题。邓小平对高考制度的改革和朱镕基对政府机构的改革这两个顶层设计的例子，是中国改革开放过程中阶段性推进改革的成功实践，其意义已被中国社会发展的事实充分证明。

第二，顶层设计的思路和由此形成的方针政策，来源于社会发展和经济建设的实践经验。我所说的“顶层设计不可能来自民间，也不可能来自百姓”，主要是针对现实社会中制度统治构架和决策机构的作用。而决策机构在不同的体制和国家中的功能是不同的。西方体制中制度作用比较大，而在中国目前的体制中个人的作用比较大，尤其是党和政府领导人的作用至关重要。因此，在现有体制下，强调顶层设计的重要性不言而喻。虽然顶层设计也会走入误区，也会犯错误，但总比“顶层不设计、不想设计和不敢设计”要好。当然，任何体制和制度构架的自我纠错机制都是必需的，也是顶层设计从实践中来到实践中去，再形成正确设计思路的一个实践过程。

第三，顶层设计与基层设计相辅相成，互相促进。没有各行各业和亿万群众在改革开放中的基层工作、实践和设计，就不会有符合中国国情的顶层设计。基层设计的任何好的设计思路和改革实践都需要得到顶层设计的认可，基层设计显然无法代替顶层设计。如改革开放初期发源于安徽凤阳小岗村的联产承包责任制，就是从基层设计开始的，不是顶层设计者坐在办公室里想出来的。但是我们不能忽视的现实是，即使如此具有划时代意义的改革大事件也和顶层设计密切关联。如果没有顶层设计的许可，小岗村的基层设计不会推广到全国，此后一系列改革开放的政策也不会实施。所以有学者认为，不存在顶层设计，只存在顶层许可。而我认为，顶层许可属于顶层设计。我们不能只把顶层设计理解为一种政策设计的思想或思路，它包括了政策制定的调研、实践、总结、设计、贯彻和施行。这才是其重要的实践意义。

第四，强调顶层设计的实践意义，不排除对世界上各种先进的社会制度和民主制度改革的研究。有学者认为强调顶层设计的实践意义，是呼唤领袖和明君的一厢情愿；也有学者认为顶层设计是鼓吹英雄创造历史，抹杀人民群众创造历史的作用；还有学者认为顶层设计不如公开辩论。这些观点都有合理之处，但我要强调的是，顶层设计的阶段性并不排斥与民主制度改革和公开辩论改革举措同时进行。同时，顶层设计也不能囊括所有的制度改革。

第五，上文在论述顶层设计的实践意义时，我所举的卡扎菲和萨达姆两位独裁者悲惨下场的反面例子，一是为了说明顶层设计也会有坏的结果，二是为了说明顶层设计自我纠错机制的重要性。显然，他们的顶层设计，背离了其统治下的广大人民群众的意愿，也缺乏纠错机制。因此，他们的顶层设计无异于自掘坟墓。至于对戈尔巴乔夫顶层设计新思维所带来的后果，目前理论界争议颇多，仁者见仁，智者见智。我认为他的改革新思维虽未能完全如愿（包括把个人安全和荣辱置之度外），但无意中开辟了俄罗斯民主制度建设的新时代。所以我认为他是顶层设计的实践者，也称得上有魄力、有担当的政治家。

（三）顶层设计的突破口

如果说土地、农民、国企改革等十大问题是顶层设计横向上需要正视和解决的问题，那么改善党的领导，财政供养系统“瘦身”以及大力发展民间社会组织则是顶层设计在纵向上的突破口。唯有如此，才能牵住改革的牛鼻子，找准改革的突破口，为解决上述十大问题奠定基础。

第一，党的领导实行属地化改革。

从目前中国和世界其他地区的现实情况来看，中国必须坚持和加强中国共产党的领导。任何企图削弱和取消中国共产党领导或实行多党轮流执政的观点和想法，都是不切实际和不现实的，或者说在中国完全不具备可行性。

但是，加强和改革党的领导，绝不只是搞什么“党内民主”和有限的“选举”那么简单。在当代中国，离开了中国共产党的领导，在社会各个领域和组织内大范围地推行民主和选举只会带来更多的混乱，无助于问题的解决。因此，加强党的领导的现实选择是：党的领导实行属地化，即研究取消党在经济社会生活中的双重领导架构，改变党对政府机关、社会团体、事业单位、行业协会、国有企业和各类经济组织的领导方式，形成中共中央、省委、市委（县委）、乡镇党委和村（社区）一级基层党组织五级架构，任何社会组织中的基层党组织分属于地方一级党组织的领导。这样不仅能提高党组织的整体性和战斗力，解决多年来存在的党政不分的问题，也能减少党组织、政府组织和其他经济类组织的重叠管理，同时能提高政府及其他社会组织和企业的工作效率，还能减少党员干部寻租腐败的机会。尤其在当代中国，大量的经济腐败案件中的主角都是党员干部，这样很容易将个别党员干部的行为放大为全党的形象，从而引起广大群众对党组织的不满，削弱党组织的凝聚力。如果实行党的领导属地化后，随着党政分开和党员干部在政府机关和其他经济组织中人数的减少，党员干部腐败案件也会明显减少。这样不仅能够提升党员干部的综合素质，也有利于增强广大人民群众对党的领导干部的信任。从中国社会的长远目标发展来看，这项利国、利民、利党的改革宜早不宜迟。

第二，各类社会团体和组织应退出国家财政供养体制。

目前，中国社会的宏观税负已占到GDP的30%以上，高于世界上许多国家。国家行政成本奇高，财政供养的人数和范围不断扩大，已成为社会顽疾。如果不从根本上加以改变，将严重影响中国经济社会的发展。如果纳税人供养了过剩的公务员，或者说公共财政供养的所谓公务人员根本不是为纳税人服务的，那么这种制度设计显然是不合理的。这既不符合科学发展观，也与建设和谐社会的理念格格不入。应该实行全方位的大胆改革。

因此，从国家改革和中国社会长期发展的实际出发，应该认真研究让各种社会团体（包括各党派和其他政治组织）等非政府组织的工作人员退出政府公务员序列，不再由国家财政负担人员费用和办公费用，改由本组织自行解决。这样，中国的行政成本将大大减少，中国的宏观税负将大为减轻。实行此项改革，无疑会大大激发广大纳税人的工作积极性，释放出难以估量的经济活力。

第三，大力发展各种非营利性的社会组织和民间智库。

非营利性社会组织是国家经济建设和社会发展的重要组成部分，既非由国家财政供养，也不以赢利为目标。这类组织目前存在着法律地位不明确、机会不均等、准入不公正和工作机会不公平等问题。因此，许多社会组织一直处于“犹抱琵琶半遮面”的状态，在实际工作中阻力重重。在实践中已经发展得较为完善的行业协会，却不能创办本专业的刊物。中央一再讲要推动文化体制改革和市场公平竞争，但这等好事行业呼吁了很多年就是得不到解决。还有的行业本应成立行业协会，却因找不到主管部门而不能进入。这种既能促进行业发展又能解决就业的好事为什么得不到政策支持？还有民间自发成立的研究所、研究中心等一类组织在允许登记一段时间后也被明令禁止。至于国家各个部委的研究院所等，主要靠财政供养，发挥的作用十分有限。

当然，由政府供养的智库在中国目前的体制下是必需的，但应尽量减少。而像团中央、中国妇联和中国足协等一类社会团体和组织，本应属于非营利性社团，但其人员编制却享受财政拨款和公务员待遇。这种不公平现象和社会组织管理体制如不加以改变，将成为中国经济和社会发展的阻力。

经济学家如何参与顶层设计？

今日中国，“文人相轻”的观念与历史上任何时期相比，都有过之而无不及。“好面子”思想不仅充斥在日常生活和工作中，在学术研究领域也很盛行。对于一些明显正确的观点，有的人虽然心里同意，但也不表示支持，而是发表一些似是而非的看法。所以目前，一些重要观点在知识界很难形成影响力，影响中国改革共识的形成和推进。尤其是这种现象与中国高校和社会科学研究领域的官本位体制相互依存，知识分子群体的影响力大大降低。主要存在两方面问题：

一是认为没必要研究常识性问题

比如，公共领域和自然垄断领域的国有企业就应该采用国有主导的体制，就应该实行准公务管理，而不应该实行财富与权力通吃的管理机制。研究在这些企业建立现代企业制度就是研究伪问题，此问题无解。而非要研究那就是临摹和模仿，既浪费纳税人的钱财，又混淆视听。因为这种常识性的问题人人皆知，何必劳经济学家的大驾，把简单问题复杂化。

不妨举个例子。经济学家张维迎在博文中写道：为了解决消费不足的问题，国家可以考虑把垄断国企的资产分给人民一部分，以刺激消费。此话说起来也占理，但要实行恐怕很难，权当一家之言吧。这方面的有关建议，如陈志武教授关于建立国民权益基金的构想，显示出一定程度的可操作性，但这方面的跟进研究不多，表示支持的经济学家也不多，实属遗憾。当然，这种观点的采纳实施有赖于顶层设计，这又印证了顶层设计的实践意义。

二是经济学家习惯于当“算命先生”

在美国，经济学家与经济学者是一个意思；在中国，所谓的经济学家似乎高人一等，大多就职于各级政府智库，被冠以主流学者的身份。而大多数经济学家也欣然接受，乐此不疲地出现在各种论坛、讲座和研讨会上。这些人拿着纳税人给予的俸禄，经常替政府解读政策，发表高见，似也无可指责。但一部分经济学家的一些做法和言论，就让人有些不解了。有的就职于政府智库的专家学者似乎充当起了“算命先生”的角色，好像对政府的政策都具有先见之能，甚至对于一些存在明显错误的政策也在极力赞扬。这种现实版的经济学家众生相使我感到：浮躁而功利的学风不仅弥漫在中国目前的教育界和学术界，我们对过去无限崇敬的经济学家的行为也产生了质疑。难道经济学家甘当“算命先生”？

国家关于房产税的试点改革要在上海、重庆出台消息甫出，就有某经济学家发表观点，认为房产税的税率应为1%。既不阐明征收房产税的理由，也不阐述目前在中国征收房产税的合理性和合法性，就放出如此大话，这难道是一个学者或经济学家应该做的事？

北京市为了扼制房价，出台了政府调控房价的“京八条”。且不说这种违反市场经济的限购政策是权宜之计还是长久之策，抑或政府不得已而为之，政府智库的经济学家们理应做一些深入的，起码是自圆其说的理论研究。而事实是某经济学家又表态了，不但发表“论限购”之高论，还急于预测，认为房价将下降14%~15%。不知这次算中的概率是多少？其中又有什么经济学研究的规律可循？

谢国忠教授是近年来敢于实话实说、大胆预测中国经济发展的独立经济学家。尽管其预测屡屡失败，但他这种“屡败屡战”的勇气还是让我钦佩，至少可以点醒决策者。经济学家许小年虽然功底深厚，观点以尖锐闻名，但近年来还是发表了“乳品国标被大企业绑架”这样显得外行的观点。事实上，国家食品标准的制定是有严格程序的，是企业、专家、学者、政府有关部门和行业协会共同讨论，按一定程序确立的。在这个过程中大企业理应有更多的话语权，很多小企业根本不关心标准的制定，并不是哪个企业能够说了算的。许先生作为经济学家发表这种不了解行业情况的言论，虽无不良用心之嫌，却可能会混淆视听，也给加强食品安全监管工作增加了困扰。

李稻葵先生是清华大学经济学教授，又担任过央行货币政策委员会的委员，仅凭其身份就会引起很多人的关注。2010 年 4 月，北京调控房价的限购政策一出，他不仅不顾市场的逻辑予以力挺，而且预测房价将下降 10%~15%。但是一年过去后，调控结果并不符合他的预测。据公开数据统计， 2011 年新建住房价格控制的 600 多个目标城市中，只有上海、深圳和杭州的房价同比出现下降，下降幅度仅为 5%。多数城市仍保持上涨，半数城市涨幅超过 10%，最高涨幅超过 30%。所谓的量价齐跌、环比下降或基本持平等结论恐怕不具有统计学意义。而这种不分时间、地点和房屋类别的所谓大胆预测，客观上会因其特殊身份使消费者误判行情。相比之下，还是国务院关于通过调控“使房产价格合理回归”的用词更加准确，表明了中央政府坚决整顿房地产市场乱象的决心，也基本符合市场的逻辑。至于何为合理价格，应该由市场决定。

还有一位知名财经评论人士，在她刚刚发表了“年内不会下调存准率”的断言后，不到一天时间，央行就宣布将存准率下调 0.25 个百分点。

由此可见，经济学家还是慎当“算命先生”，尽可能不要在自己不熟悉的领域发表意见。理应把更多的精力用在对经济规律和现存问题的研究和认识深化上，真正为顶层设计发挥经济学家应该发挥的作用。

如何顶层设计国企改革？

在当前改革进程中，国有企业改革无疑是个颇受争议的话题。正如美国前财长保尔森在2012博鳌亚洲论坛年会上指出的，中国国企改革事关中国经济长期增长的成败。破除国企垄断，降低国企在国民经济中的比重，是中国面临的重大挑战之一。

近期国企改革又一次成为热门议题。可以说，在没有实现产权到民的目标以前，国企改革永远会是一个热门话题。这个问题之所以持续升温，其内在逻辑是国企改革必须顶层设计。

其实，国企改革走到今天，在“改不改”“如何改”这两个问题上，无论学界还是管理层，共识是多于分歧的。国新公司的成立以及大国资的目标定位，标志着国企改革已经迈出了关键一步。有些人不顾经济社会自身逻辑规律，人为地用意识形态来排斥国企改革，却拿不出任何行之有效的方案，所以对高层不会产生太大影响。可见，国企改革的大方向不会因为管理层人事变动而发生变化。相反，真正的挑战在于，在越来越严峻的经济形势以及复杂的国际局势面前，长期形成的以政府和国企投资来拉动经济增长的路径依赖，以稳定压倒一切的思维模式等，有可能使管理层在国企改革的顶层设计上举棋不定。从这个角度来看，管理层的勇气与胆识尤为重要。

国企改革如何顶层设计，目前大致有以下几种观点。

一是以国务院发展研究中心张文魁研究员和原国资委研究中心主任王忠明为代表，认为国企改革的终极目标是民营化。经济学家张维迎的观点与此类似，他甚至认为国有企业改革的大方向已经定了，不需要再研究。我坚决不同意这种观点，因为即使循此逻辑发展，中间的改革过程也相当漫长。如果不认真研究，做好顶层设计，会付出沉重的代价，交更多的学费。实际上，目前已经付出了不小的代价。

二是以经济学家吴敬琏为代表倡导和呼吁的推进国有经济的市场化改革，即对绝大部分国有独资或国有控股的大企业集团实行股份制改造，使它们成为自主经营、自负盈亏、有效治理的现代公司。吴敬琏的观点基本上与中共十五大、十五届四中全会关于国企改革的表述相一致。目前国资委在某些方面也是这样操作的，如央企整体上市等思路。客观上，这种不分公益、垄断和竞争行业的笼统提法和实际推进造成了严重的后果和社会问题。

三是以天则经济研究所所长盛洪教授为代表，认为吴敬琏的观点对国有企业改革有一定作用，但作用不大，而且通过对租金、资源等方面的分析提出了非常有说服力的研究报告。其中，经济学家张曙光先生提出的先收租、再分利，推进资源要素价格，解决国有企业的利益侵占问题，也与此研究报告一脉相承。关于这方面的研究，经济学家王小鲁的观点也具有代表性和独特性，他明确指出，在国有垄断企业引入竞争机制是文不对题。显然，这和吴敬琏的观点有所不同。

以上三种观点既有共识，也有分歧。共识是必须对国有企业进行改革，分歧在于改革的途径究竟是按照一般企业的改革实现完全的市场化，还是在承认国企现实的前提下，通过制度设计，先解决利益侵占问题。我支持盛洪和王小鲁的观点，但某些地方也值得进一步商榷。

对国企改革进行顶层设计，我认为最主要的是设计方案的大思路和可操作性。因此，我的研究更侧重于具体实施和操作层面的意见和建议，即必须分类管理，这是顶层设计必须解决的首要问题。否则，如果陷入一刀切的市场化，让所有国企不加选择地全部退出，或者在所有国有企业里不做任何实质性的变革，只是机械植入现代企业制度或者现代产权制度，都是不切实际的。这样必然会导致国有资产流失，甚至有可能造成严重的政治危机，使国企更加不伦不类。

此外，国企改革的顶层设计还应着眼于“大国企”的思路，从比较微观的层面进行分类管理。如果说竞争型国企与非竞争型国企是纵向的分类管理，那么各级国资委监管之下的国企（包括央企）、金融国企、文化国企则是横向的分类管理。很显然，这三大类不同的国企，有些要逐步放开，让国企和民企在市场上参与公平竞争，比如银行。如果对银行再不进行顶层设计，而是放任官方利率与民间市场化利率两套体系并行，必然会引发一系列的经济社会问题。在这一点上，中国人民银行 2012 年 7 月 6 日的“非对称”降息无疑是一个好的信号。有些国企是要有序退出的，比如房地产业、制造业国企等。有些则要尽快明确国有独资的性质，并纳入准公务员管理机制，比如国防军事类国企、资源类国企等。

在“大国资”统一监管的思路之下，顶层设计还要对央企与地方国企进行分类管理。目前，暴露问题较多的是诸如“三桶油”“四大国有银行”在内的央企，这些央企差不多都是业务遍及全国各地且日进斗金的上市公司。从表面看，问题主要集中在自身的高收益、管理人员的高收入以及屡屡曝光的贪腐事件。央企之所以成为国企改革的焦点，不是说国企的问题全部在央企，地方国企就没有问题，或者没有必要急着改革，而是因为央企块头太大，太显眼，且多是公众上市公司，问题暴露得比较明显而已。所以，国企改革的顶层设计不是只针对央企的顶层设计。

综上所述，国企改革的顶层设计必定是纵横交织之下，竞争性国企与垄断性国企两种不同性质，金融国企、文化国企与一般意义上的国企等不同类型，央企与地方国企等不同层面的全方位设计。顶层设计首先要分类管理，还要考虑解决问题的顺序。分清哪些是眼下的当务之急，哪些是要长远考虑、逐步推进的；哪些是主要矛盾，哪些是矛盾的主要方面。我认为，垄断国企与竞争性国企的界定，以及金融国企特别是银行的改革是当务之急；垄断性（包括公益性）国企的改革是主要矛盾所在；而竞争型国企的退出、地方国企的改革则是长期工程，不能毕其功于一役。

值得一提的是，国家“十二五”规划中首次提出了“对公益性国有企业和竞争性国有企业的分类改革”问题，其表述与我的研究内容和观点不谋而合。但没有“垄断性国有企业”的提法，我认为是一大遗憾。这种理论上的欠缺，往往会造成实践上的诸多麻烦。因此，需要进一步的顶层设计。

产权因素与企业家才能发挥

企业家才能的概念及特征

（一）企业家才能的概念

20 世纪二三十年代，以奥地利学派代表人物米塞斯、哈耶克等为一方，以社会主义计划手段支持者奥斯卡 · 兰格、阿巴 · 勒纳等为另一方，两派经济学家就“社会主义经济计算可行性”展开了一场意义深远的大辩论。

《社会主义：经济计算与企业家才能》一书中有关于这场辩论的详细记载。该书作者是西班牙经济学家德索托（J. Huerta de Soto），奥地利学派的当代领袖。他在书中对米塞斯的“企业家才能”理论进行了拓展，指出“任何人，只要他的行为是对目前状态进行调整，以实现他未来的目标，那么他就是在发挥企业家才能”。

本文所称的“企业家才能”是一个特定的概念，其定义为：人类识别存在于环境中的利润机会的能力。

（二）企业家精神的概念

企业家精神是企业家才能的重要特征。它不是一种职业，也不是一种职务，而是一种取向、一种态度。并非所有的管理者、创业者和企业家都具有企业家精神，它是一种时常以新的方式整合资源，提高生产效率的心态。

由此可知，企业家精神是企业家才能发挥的主观因素，而非客观因素。它是由企业家的学识、水平、素质、眼光、经验、感悟、创造力和创新能力等因素共同作用形成的。

关于企业家精神概念的形成，不得不论及另一位伟大的经济学家：熊彼特（Joseph Schumpeter）。他认为，市场经济长期活力的根本在于创新，而创新则来源于企业家精神。他最早阐述了创新是经济发展和社会进步的核心动力，并首次提出了“创造性毁灭”这个关键词，用以描述市场经济的发展规律。

熊彼特所倡导的企业家精神，既可产生于车库或大学生宿舍这种小地方，也可产生于大公司。如果将此应用到目前中国改革开放大环境中，不难认定，企业家精神不仅可产生于创业企业和民营企业，也可产生于处在改革分化之中的国有企业，甚至不仅仅限于企业。让我们深感幸运的是，在今日中国，企业家精神幸存了下来，并且仍在顽强地生长。但熊彼特担心的官僚体制扭曲和扼杀企业家精神的现象也依然存在，甚至无孔不入。

因此，我们在大力弘扬企业家精神的同时，不能不认真关注和对待制约企业家才能发挥的因素。

（三）企业家才能的特征

1.企业家才能是主观的、实践的，而非某种现成的科学知识。实践知识往往难以用正式方式表达，它是人类在实践中逐步获得的。

2.企业家才能是排他性的知识。每个发挥企业家才能的人，都严格地以个人的、不可重复的方式做着同样逻辑的事情。他拥有某一特定的知识体系，其他任何人不能以同样的方式拥有。这里所指的既定知识，不是通过某些储藏信息手段（如报纸杂志、书籍和计算机等）就可以获得的。这种知识的本质是实践的、严格排他的。

3.企业家才能是分散的知识，而分散信息的传递过程非常困难。

4.企业家才能是不能言说的隐含知识。

5.企业家才能是通过企业家实践产生的知识，是“无中生有”的知识，也可称为纯企业家利润。它不牵扯任何成本，其本质是创造性的。所以说，企业家才能具有根本的创造性特征。

6.企业家才能是信息的创造和传递的知识。每一种企业家行为都是在“无中生有”的过程中创造了新的信息，而企业家创造信息则意味着信息在市场中的传递。

从以上6个方面的特征不难看出，企业家才能在社会经济生活中的特殊性和唯一性。它通过调整和协调社会成员的个体行为，使社会生活成为可能。没有企业家才能，我们很难想象社会的存在。

目前，在建立社会主义市场经济体制的改革开放大环境下，如何正确认识和发挥企业家才能是不得不面对的现实问题。而如何运用当今有关世界企业家才能发挥的相关理论，指导中国企业改革和社会发展改革的实践，无疑是经济学界需要认真研究对待的问题。本文以“企业家才能发挥”的制约因素为切入点，通过研究比较和分析，试图得出有利于国家方针、政策制定和企业改革参考的正确理论。

（四）企业家才能发挥与经济计算的关系

什么是经济计算？德索托认为，“任何使用货币，对不同行为过程的结果所做的粗率计算”即是经济计算。现实生活中的每一个人，只要他在发挥企业家才能时，就要进行这种经济计算。这种经济计算通过货币和实践过程，决定企业家才能发挥的程度大小和价值高低。资本家通过企业家才能的发挥获得企业家利润，工人也踌躇于是否要改变工作，是否要接受一个机会或拒绝另一个机会。很显然，在这里“经济计算”发挥着不可替代的作用。

在《社会主义：经济计算与企业家才能》一书中，德索托运用了大量的逻辑推理，证明社会主义计划经济对企业家才能发挥的“制度性限制或制度性侵犯”。当然，在这些理论推演之外，具有重大意义的苏联、东欧社会主义剧变的历史事实，无疑产生了更为直观的冲击，令多数社会主义经济学家措手不及。

正如哈耶克所说：“经济学的目标是研究信息发现和传递的动态过程。这是一个由企业家才能持久驱动，调整和协调个体计划，从而使社会生活得以进行的过程。这个过程，并且是唯一的过程，构成了根本性的经济问题。”因此，我们只有通过厘清企业家才能发挥与经济计算的关系，认清计划经济体制对经济活动的强制和限制，才能找准经济学研究的目标。这也是我们探寻在社会主义市场经济改革和发展过程中如何为企业家才能发挥提供有力保障的原因。

（五）企业家才能发挥与发挥企业家才能的关系

企业家才能发挥是指企业家产生、成长和成熟的客观因素。发挥企业家才能是指政府官员、社会组织管理者和企业家个人等主体在发挥企业家才能方面的主观因素。

根据企业家才能发挥与经济计算的关系，我认为，研究或廓清社会主义市场经济中企业家才能发挥的制约因素，具有划时代的重要意义。根据企业家才能、企业家才能发挥和经济计算的意义，无论从逻辑还是从事实角度来看，社会主义计划经济体制都无法提供企业家才能发挥的用武之地。背后的制度性强制与企业家才能发挥需要的实践活动和自由度不可兼容。因此，我们主要通过对企业家才能发挥的产权制约因素及其他制约因素的研究提供价值判断。

产权因素对企业家才能发挥的制约

（一）产权经济学研究的意义

为了更好地分析产权因素对企业家才能发挥的制约，我们有必要引进著名经济学家科斯关于产权的基本概念和论述。他认为，存在一个超历史的、永恒的、适应于一切社会历史形态的产权形式。在任何情况下，一个清晰界定的产权总是有效率的，而这样的产权形式就是私有产权，而且是唯一有效率的产权形式。他认为一项产权是否有效率，主要应由交易的难易程度决定，如果一种产权形式能够使交易成本降低，那么这种产权形式就是有效率的，而最清晰的产权形式就是交易费用最小的产权形式。

科斯定理的基本含义是：无论产权的归属如何，只要这项产权是清晰的、明确的，同时允许自由交易，总能实现资源的优化配置。在科斯定理的应用中，一个清晰界定的产权和一个自由竞争的市场，是有效率的经济制度的两大理论支柱。现代产权经济学认为，一个清晰界定的产权就是私有产权，而私有产权就是指自然人产权。

科斯指出：产权制度决定生产力。对于同一产权，生产力可高可低。如果产权归私，生产力就高；如果产权归公，生产力就低。马克思的观点与科斯正好相反，他认为是生产力决定产权制度。

科斯的产权理论是在一个既定的社会关系下对产权制度的研究分析，属于生产关系对生产力的反作用。马克思的产权理论是对任一社会形态下产权制度的研究分析，属于生产力决定生产关系的一般经济逻辑。从上述逻辑可以看出，科斯的产权理论与马克思的产权理论并无本质不同，但各有重点。科斯关于产权制度的论述及分析更适合当前中国经济体制的现状。

我信奉科斯的产权观点及理论，认为其更具有现实的指导意义。当然，这并不排除我是马克思再生产理论研究的忠实信徒。

（二）目前中国企业的分类

1. 按产权分类，可划分为公有制企业、私有制企业和混合所有制企业三类。

公有制企业以生产资料及要素资源属于特定的人群共同所有。它可以是全民所有制企业，也可以是若干人（自然人）共同所有（职工持股）。这样的企业需要按照一定的法律程序和契约明确规定共同所有、永续经营。不存在资产交换和解散的可能性，但存在整体解体和倒闭的风险。

私有制企业，即生产资料及要素资源属于私人（自然人）所有。它可以是个人独有企业，也可以是若干人共同所有。这样的企业是按照公司法和企业法的要求，以资产为纽带共同组建的现代企业，其资产可以出售、转让和交换。由于其产权清晰且已落实到自然人，所以企业的进退与生死存亡亦属常情。

混合所有制企业是公有制企业和私有制企业的相加。按照产权划分，这类企业其实并不存在，即理论上不能自圆其说。公有制企业和私有制企业如何能够组成一个联合体企业？但目前中国又确实存在这样的案例。如过去就存在、现在还继续存在的集体所有制企业，它在一定程度上是公有制企业（若干人共同所有）。所以说，混合所有制企业的专门列出是为了研究问题方便，而不深究（或无法深究）企业产权归属。

对公有制企业、私有制企业和混合所有制企业的分类研究，并不能准确反映中国目前这三类企业的产权所有给企业带来的发展变化，也无法对这三类企业的经济计算进行正确判断。因为企业要素资源的核心资产土地是公有制，即全民所有。虽然在当前情况下，土地所有权还分为国有和集体所有，但只要是用于办企业，在产权登记时，均不能改变土地是国有资产（亦属全民资产）的性质，只能享有租赁权。而租赁权是无法确定其利润和升值的空间及时间的。所以说，要研究产权因素对企业家才能发挥的影响，还必须从中国企业的产权现状和实际情况出发，不必拘泥于上述理论。

2. 按目前的客观存在和经营情况，可划分为国有企业、民营企业、外资企业和合资企业。

国有企业，即国有资产在企业中承担出资人权利与义务的企业，包括国有独资企业、合资企业（国有控股）和股份制企业（也是国有控股）。现在的国有企业实际上是全民所有制企业，由国家持有，国家是全民的代理人。换言之，代理人是受全民委托持有。现在国有企业的生产经营实际上是层层代理。国有企业既可以是独资经营，也可以和民营企业、外资企业合资经营，还可以上市成为股份制企业。

民营企业，即个人资产在企业中承担出资人权利与义务的企业，包括个人独资企业、合资企业和股份制企业。民营企业的概念虽不准确，但无疑是私有企业的代名词。由于其产权清晰，它与其他所有制企业组成的合资企业或股份制企业等均不难理解。只是由于中国土地要素资源实行的是国家所有制，才出现了民营企业这样“存在即合理”的经营现状。因此，我们对企业家才能发挥的制约因素研究不能脱离中国的现实。

外资企业，即含有外资成分的企业，包括外商独资企业、合资企业和股份制企业。外资企业是中国改革开放后形成的一大亮点，对中国的企业改革，以及经济、政治、社会方面的改革发展都起到了一定的促进作用和借鉴作用。其产权因素对企业发展的影响和作用不言自明，对企业家才能发挥的作用也十分明显。比尔·盖茨、乔布斯和扎克伯格等企业家在不同年代的相继出现即是证明。当然，不排除制度因素与环境因素的影响。

合资企业，即以国有企业、民营企业和外资企业以资产为纽带共同组成的企业，也包括股份制企业。

搞清楚目前中国企业的分类，就为研究企业家才能发挥的产权因素制约奠定了基础。

（三）民营企业产权因素制约的分析

以国人生活必需的调味品为例，早在公元前300年以前，中国便已开始生产两种原始的调味作料，酱和豆豉。但现今屹立于世界之巅、综合实力最强的大型酱油酿造企业，却是300多年以前才开始生产酱油的日本龟甲万株式会社。该公司原名野田酱油，目前在美国威斯康星州瓦尔沃斯、加州福尔斯和荷兰格罗宁根都建有大型酱油酿造企业。龟甲万现任社长兼总裁茂木友山郎就是一个将企业家才能发挥到极致的代表人物。其祖辈独到的眼光、明晰的产权确立及其延续过程造就了一家食品企业的辉煌历史和不俗业绩。早在1972~1973年，龟甲万便在美国设立了第一家海外工厂，而日本丰田公司在美国第一条组装生产线的正式运转则是20世纪80年代的事。第一家在美国设立流程完整、设备齐全的制造厂的日商公司，不是汽车制造业的丰田或电器制造业的索尼、松下，而是食品行业的龟甲万。

在当代中国，酱油产业的真正发展始于改革开放以后。从1978年十一届三中全会至今30多年里，中国调味品行业发生了翻天覆地的变化，这得益于生产力的发展和人民生活水平的提高。而产权的确立过程充满了风风雨雨和戏剧性的变化。从解放初期的走街串巷、前店后厂，发展到20世纪70年代的全国市、县级以上城镇都有酱油企业。经过30余年的流变，大多数国有酱油企业或倒闭，或破产，或被其他资本兼并，或成为上市公司，这个过程实际上是一个产权再确立和创新经营模式的过程。石家庄珍极酿造食品有限公司被龟甲万收购的案例则活生生地告诉我们，这是在调味品生产这样的竞争性领域，由于产权不清晰等问题带来的必然结局。固然悲催，亦不失为正确之选择。

香港李锦记调味酱料集团是中国食品行业首屈一指的民族企业。它从香港起步，脚步踏遍东南亚，大举进军内地调味品生产，再把步伐迈向全世界的过人之举和赫赫战功，皆与之明晰的私有产权效率机制不可分割。该企业的继承人李文达极具企业家才能，他在家族企业的坚实基础上，结合现代企业制度，将“修身、齐家、治国、平天下”的儒家文化诠释到了极致，在中国民族企业的经营史上留下了浓墨重彩的一笔，令世人艳羡不已。

时间和历史不会亏待真正的企业家。就当前中国调味品企业而言，虽然产权确立过程充满了不确定性，但只要中国改革开放的大门不关闭，产权确立和发展就不会停止。如今，中国酱油企业前三甲已经迈出了重要的第一步，第二步、第三步的迈出是迟早的事。湖南宁乡建设的“中国酱油博物馆”，就证明了中国新一代民族企业家的远见卓识。它是一个重要的里程碑，为中国食品行业的企业家才能发挥留下了新的注脚。

改革开放以来，中国其他行业也不乏企业发展受产权制约的典型案例。

企业家张瑞敏从集体所有制企业改革开始，通过海尔职工持股会，拉开了海尔产权改革的序幕，为海尔企业的持续健康发展打下了坚实的基础。后来的发展壮大均是在此基础上形成的。如果没从产权改革开始，就不会有海尔的今天，也不会有驰名全球的海尔品牌。

教父级企业家柳传志从中科院计算机所投入的20万元初始资金起步，完成了联想从小打小闹的科研型企业向大型资本投资企业挺进的惊险一跃。其间，曾经历过许多坎坷和惊心动魄的国营与民营之争。最终柳传志以知识分子群体中极其少有的智慧和超前眼光，以知识为巨大资本注入科技型企业，完成了转型和改制。这不仅使联想凤凰涅槃，还给联想建立现代企业制度插上了腾飞的翅膀。如果没有后来的产权改革、企业改制和国际化拓展，联想就不会由丑小鸭变成白天鹅。

而顾雏军在国有企业兼并重组中翻船、张海在健力宝改制漩涡中跌倒的案例，均属于未解决好产权制约问题而制约企业家才能发挥的典型案例。

（四）国有企业产权因素制约的分析

中国国有企业涉足的行业大致分为以下三类：公益性行业、自然垄断行业和竞争性行业。

公益性行业和自然垄断行业的国有企业的产权是再明晰不过的。这类企业并非真正的企业。产权因素无法也不能转换为激励机制。所以，在这类企业中研究产权因素的制约没有更大的意义。但有一点是其他企业无法证明的，它从反面说明：产权的国家所有制（全民所有）无法证明产权因素的作用及影响，也无法证明其业绩和经营效益的高低。这是国有企业的特殊情况。

目前，中国国有企业在公益性行业和自然垄断行业实行现代企业制度管理徒具形式。真正行之有效的做法，应该是制定一套符合中国现实的国有企业管理构架和模式。

对于竞争性行业的国有企业，在发展方向和目标上应该完全退出。这是产权因素制约仍然绕不开的核心问题。关于建立现代企业制度的研究和探索，国内外成熟案例很多，只要善于总结经验、吸取教训，本不应该成为疑难问题。但在中国目前情势之下，有必要厘清以下思路：

1. 国有企业宏观上、总体上的退出目标一定要明确，因为我们实在找不出国有企业存在于竞争性行业的理由。

2. 所谓的利益集团作祟，既没有想象中严重，也不能成为不敢改革的理由。尤其是在中国目前的经济体制和政治体制框架内，解决这些问题具有天时、地利、人和多方面的优势。一句话：解决国有企业退出竞争性行业的问题关键是顶层设计的信心、决心和魄力。

3. 视竞争性行业国有企业具体情况，分期、分批、分类彻底改革，一改到底。可以预料，这项改革不仅会促使中国民营经济进一步发展，还会大幅度提高消费水平，促使中国经济跃上一个新的台阶。

要做好有关具体的改制程序、措施和办法的论证和设计。而最核心的问题还是要解决产权因素制约，如划归社保基金、股份制改造、整体出售给民营企业和变卖资产解决人员遗留等问题。当然，上市也是合理与必要的选择，但要明确上市是为了通过资本市场套现而择机退出，而非盲目做大做强，以免埋下隐患。

所以，从现在开始，一定要明确国有企业不得在竞争性领域再投入。杜绝“有令不行，有禁不止”的行为，即一方面在研究如何退出，另一方面又在不自觉地进入，尤其不能在目前还可以赚钱的竞争性行业继续投入。过去国企发展和改革的实践已多次证明，国有企业在竞争性行业一时的成就和快感往往使人 “直把杭州作汴州”，待到头脑清醒时，方知不过是梦一场。

以 1992 年邓小平“南方谈话”开启的第二次改革开放为例，当时国家商业部撤销了 20 多个行政司局，与物资部合并为国内贸易部。随后，商业系统在竞争性行业成立了 20 多家公司，从百货到家电、从食品到餐饮一应俱全，每个公司至少都划拨了几千万到上亿元资金，成立了一批国有商业企业。仅仅过去 20 年，当时辉煌非凡的复兴门内大街 45 号，如今已物是人非。不仅当时划拨的国有资产流失殆尽，还毁了不止一代人。失去的不只是金钱和货币，宝贵的青春年华更是白白浪费。更可悲的是，至今有关决策者对此仍未加以反思和重视，依旧想当然地企图培育若干大型流通企业，真是好了伤疤忘了疼。如果当时的改革能够从重视产权因素入手，把有限的资金划拨给有限的人，现在可能会收到意想不到的丰硕果实。

由此可见，在目前的国有企业、民营企业、外资企业和合资企业中，国有独资企业的产权约束力最弱，层层代理人体制对企业家才能发挥的制约因素最多，包括选人用人机制和经济计算等都缺乏直接动力。而民营企业、合资企业和股份制企业由于有了落实到自然人的产权约束，获得了企业家才能发挥的直接动力，产权因素的正面制约作用非常显著。

其他因素对企业家才能发挥的制约

在产权因素制约以外，制度、环境、文化和个人因素对企业家才能发挥都有一定的制约和影响。

（一）制度及环境因素的制约

中国不乏聪明人，不乏创造财富的智慧，缺少的是企业家才能发挥的制度保障和环境条件。

对国有企业来讲，目前要重视的制度因素包括国家制定国有企业总体退出的路线图和时间表。既要完成产权改革，直至彻底退出，又要从公开透明化入手，防止国有资产流失和损失，还要解决好人员的整体划转、退出和再就业等问题。只有建立健全制度保障，企业家精神才能发扬光大。

对于其他所有制企业来讲，最重要的是创造企业家生存和发展的有利环境和制度条件。美国之所以会出现比尔·盖茨、乔布斯和扎克伯格等一大批创新企业家，与其自由、开放和包容的大环境密切相关。

联想创始人柳传志有句名言，即“建班子、定战略、带队伍”。这种适合中国本土实践的管理模式却很难制度化。有学者甚至认为，这种管理思路难脱“机会主义”之嫌。但我看来，这无疑是在激烈的商战中获得的真知灼见。

柳传志的这种想法和做法需要我们设身处地去理解。他曾这样描述经营联想的处境：“母鸡孵蛋的温度是39度，而我们创业的温度是42度，只有生命力极强的鸡蛋才能孵出鸡来。”柳传志的一生是当代中国版适者生存的企业家奋斗史。他们靠管理自己而不是领导别人的奋斗历程，充满了无奈却有效的中国式成功智慧。这种智慧成就了一代企业家，却无法将他们的成功模式真正融入现代商业文明，也无法形成企业家才能发挥的制度性借鉴。有“地产思想家”之称的冯仑将此解读为“野蛮生长”，用词准确、形象逼真，却让人难以深究和思考，更谈不上深刻反思和促进制度建设。

柳传志作为中国改革开放后涌现出来的企业家代表，并不是单一的个体存在。他既代表了企业家个人成长的制度困境，也代表了企业家才能发挥与制度约束的悖论。他们的成功，无疑又增添了个人奋斗的悲壮和不可复制性。所以，直到现在柳传志还在说，企业家很胆小、很害怕。如此发自内心的语言表达一再警示我们，制度建设在企业家才能发挥方面具有重要作用。

知名央企负责人宁高宁在其倡导的中粮集团“全产业链模式”遭质疑时，曾说过一席话，大意如此：中国谁在研究国有企业改革？北大、清华都没有这方面的课程。他们研究的是美国等发达国家的企业改革。发达国家都有成熟的企业架构和企业管理模式，其背后的社会制度和法律规章十分完善。而这一切我们中国的国企都不具备。因此，我们的改革与管理更多的是探索。至少，中粮的管理和经营模式在一个小环境中还是可控的和富有成效的。

宁高宁这一席话，既表明了一个现代国企负责人具有的高度责任心和使命感，又显现出其踌躇满志中的无奈和迷茫。因为在一个产权约束尚不明朗的环境中，是无法体现制度建设的优越性的。这种国有企业面临的制度困境与企业家才能发挥所需要的自由环境难以兼容。虽然企业家精神可以产生巨大的经济效益甚至带来变革，但企业家精神容易被忽视，尤其是在一个以政府投入为主导的经济活动中。

（二）文化因素的制约

历史学家的研究一再证明：1840 年之后的中国衰败并非生产力方面的实质衰败，而是文化层面的衰败和没落。中华帝国繁荣发展的转折点往前可推至明朝。黄仁宇在《万历十五年》一书中，清楚地指出了中国传统文化的衰败原因：道德取代法律，人情取代效率，主观判断代替数量分析，对个人名声的追求与认可导致对百姓生命的漠视和不屑。这正是中国近代被西方超越的根本原因。

对于东方文化与西方文化的区别，梁漱溟与胡适曾有一辩。梁漱溟认为，东方文化体现的是精神文明，西方文化体现的是物质文明，而精神文明优于物质文明。而胡适却认为，西方物质文明优于东方精神文明，因为精神文明是建立在物质文明基础之上的。所以，胡适被评判为全盘西化的代表人物。讨论来讨论去，中国传统文化因素究竟对企业家才能发挥有无制约、影响几何，难以判定，讨论将继续下去。

时至今日，中国已然走上了改革开放的光明大道，但传统文化对企业家才能发挥的影响仍然挥之不去。企业家才能发挥需要的是自由、开放、包容和利于创新的大环境和气场，而传统文化对人的最高道德评价是爱国。爱国是任何国家文化教育不可缺少的普遍价值观，也是永恒不变的主题，但却无法衡量其主客体之间的对错、高低。企业家才能发挥既不能受地域和国土的限制，也不能给其创造的利润贴上文化的标签，因为这是一个无法衡量的标准。因此，文化因素对企业家才能发挥的影响和制约依然不可小视。当然，中国传统文化背后有着非常深刻的制度成因。现今尤以官本位体制对企业家人才的吸引最甚。

（三）个人因素的制约

个人因素虽对企业家才能发挥有一定影响，但不是主要因素。个人因素在实践中往往体现为个案，不具有可复制性，存在着一定的巧合。如上海太太乐食品有限公司总经理荣耀中的奋斗史是发挥企业家才能的典型案例；中粮集团董事长宁高宁的成功，则是众多国有企业负责人中把企业家才能发挥到极致的个案，不具有一般指导意义。对上述案例如果不认真分析，还会得出企业搞得好坏与产权因素没有关系的悖论。

研究企业家才能发挥的制约因素，是为了面对建立和完善社会主义市场经济体制的现实，找出与此相匹配的社会制度中存在的与企业家才能发挥不兼容的因素，包括产权、制度、环境、文化和个人因素。通过分析这些因素对企业运作和发展壮大的影响，为企业家和企业管理人员提供某种有价值的批判与借鉴，更好地发挥企业家才能。同时，也有利于为改变中国目前企业家才能发挥的客观条件而进行的理论结合实践的研究探索。

第七章 国企改革的分类管理

国企改革的分类管理问题，前几章我们在不同的语境下探讨了国企改革的分类管理问题。对国企改革，一个普遍认可的观点是，放开竞争性领域的国企，在非竞争性的领域继续保持国有控股。所谓分类管理是指从宏观管理的角度出发，分别对待不同性质、不同行业的国有企业，对公益性国有企业、垄断性国有企业和竞争领域的国有企业，制定不同的发展战略、方针政策及具体办法，包括业务取舍、人员聘任、工资薪酬体系等。国企退出竞争领域，不仅能增加国家经济的活力，还能平息因国企腐败造成的民怨。分类管理是国企改革的必由之路。.

国企分类管理牵住改革牛鼻子

国家发改委“十二五”规划稿征求意见时，我曾以“关于国有企业改革的五个问题”为题致函建议。“十二五”规划公布后，通过认真阅读，我发现其中关于国有企业改革的论述与我的建议和意见相关的内容集中在三处。表述最多的为第四十五章第一节“深化国有企业改革”。

“十二五”规划指出：“推进国有经济战略性调整，健全国有资本有进有退、合理流动机制，促进国有资本向关系国家安全和国民经济命脉的重要行业和关键领域集中。推动具备条件的国有大型企业实现整体上市，不具备上市条件的国有大型企业要加快股权多元化改革，有必要保持国有独资的大型企业要加快公司制改革，完善企业法人治理机构。推进铁路、盐业等体制改革，实现政企分开、政资分开。深化电力体制改革，稳步开展输配分开试点。继续推进电信、石油、民航和市政公用事业改革。稳步推进国有林场和国有林区管理体制改革。深化垄断行业改革，进一步放宽市场准入，形成有效竞争的市场格局。”

以上表述篇幅较长，内容较多，但我认为依然缺少实质性的突破和清晰的操作思路，而且有似是而非之嫌，有的做法我甚至认为是舍本逐末。对此，我既不能武断地下结论认为“十二五”规划对国有企业改革不重视，也无法认同其对国有企业改革很重视。但有一个观点我认为是应该予以一贯坚持的。那就是：一项改革议题能否为社会所接受，或者说能否为政府甚至顶层所接受并转化为切实可行的方针政策，关键在于能否解决主要矛盾。如果一项议题能够缓解、解决主要矛盾，即使有一些“激进”甚至“剧变”措施，它给社会造成的冲突和压力也是有限的。反之，如果一项改革议题在制造、扩大矛盾，甚至无视公平，迫于利益集团的压力，坐视分配不公的矛盾，任其扩大发展，即使是渐进的改革措施，也极有可能造成局部社会动荡，不排除在一定条件下酿成突发事件。

虽然我对该节内容有异议，但其他章节中有关国企改革思路的明确表述，我认为是牵住了改革的牛鼻子，这在以前国家关于国有企业改革和国有资产管理体制改革的文件中是没有出现过的。

如第四十五章第二节“完善国有资产管理体制”中明确指出：“坚持政府公共管理和国有资产出资人职能分开，完善经营性国有资产管理和国有企业监管体制机制。探索实行公益性和竞争性国有企业分类管理。健全覆盖全部国有企业、分级管理的国有资本经营预算和收益分享制度，合理分配和使用国有资本收益。完善国有金融资产、行政事业单位资产和自然资源资产监管体制。”其中，“探索实行公益性和竞争性国有企业分类管理”

一句话具有四两拨千斤的作用。尽管这句表述还有值得推敲的地方，却道出了国有企业改革思路的实质问题，也就是说出了国有企业改革中存在的主要矛盾。我认为认真分析这句话的含义，并在实践中完善和操作，具有十分深远的历史意义。

在“探索实行公益性和竞争性国有企业分类管理”这句话中，“分类管理”一词用得非常准确，而“公益性国有企业”涵盖面较窄，我理解的“垄断性国有企业”包括部分公益性企业，如供水、供电、供气和文化产业中的国有企业等。至于怎么分类管理，“十二五”规划中没有明确表述，我认为这是需要认真研究的。目前，对于国有垄断企业的改革有一种倾向，或者一个观点，即改革的思路是在垄断行业引入民营企业。这个观点我不能完全认同（不排除在部分企业中进行试点）。因为有些垄断国有企业现在和将来都没有必要民营化，虽然国有企业生产经营存在种种问题，效率也不会比民营企业高，但国家要保留一部分国有企业是无奈而正确的选择。

目前，中国国有企业改革存在的主要问题或者说主要矛盾是：一方面不该进入的行业在大举进入，如房地产、电信服务、民用航空，甚至食品制造和商贸流通业；另一方面有的国有垄断的行业在搞股份制，甚至急于上市或整体上市，如石油、电力等行业。其中不排除“圈钱”的意图存在，但从长远发展战略和改革思路上看，国家不应该这样做，也没有必要这样做。现在的问题是，对这方面的研究和讨论远远不够。至于现在“十二五”规划中对国有企业改革的表述，我认为很多表述都是正确的，但没有抓住问题的本质和要害，而且操作难度很大，甚至没有可以遵循的基本原则，也可以说思路不清。

有些垄断性行业，也许民营企业现在和将来都不应该进入，但这方面的研究几乎是空白，实践中也没有认真搞好试点，更谈不上总结经验教训了。在2011年震撼全球的“东日本大地震”中，东电公司民营化的沉痛教训正好从反面证明了“民营企业不能进入垄断行业”的正确性。要知道民营企业一旦出了问题，为之埋单的仍然是国家财政。因此，我一直认为，在中国，民营企业进入垄断行业，只能搞试点，一旦试点不成功，要立即停止；而国有企业进入垄断行业，并不是因为国有企业效率高，只是不得已而为之，或者说这是国有企业应尽的社会责任。

针对目前中国国有企业收入分配中的不合理现象，只有建立在分类管理的基础上才能寻找到正确的解决办法。“十二五”规划第三十二章第一节“深化工资制度改革”中表述为“改革国有企业工资总额管理办法，加强对部分行业工资总额和工资水平的双重调控，缩小行业间工资水平差距”。很显然，“十二五”规划对目前广大人民群众诟病的国有企业收入分配制度的不合理性和引发的社会矛盾已给予重视，并提出双重调控的目标是“缩小行业间工资水平差距”。但这样的表述让其在实践中的可操作性变得比较模糊，似有由“国有企业自行调节”之嫌。

如果真是这样，难以收到成效。只有明确国有企业的准公务性质并实施第三方监管，才能从根本上解决问题。在第三十二章第二节“健全资本、技术、管理等要素参与分配制度”中表述为：“建立健全根据经营管理绩效、风险和责任确立薪酬的制度，严格规范国有企业、国有控股金融机构经营管理人员特别是高层管理人员的收入，严格控制职务消费。”这样的表述只说明了在垄断性和公益性行业国有企业和国有控股金融企业中的不合理分配现状及其严重性，但如何解决却缺乏相应的措施和办法，也没有提出“准公务员”管理一类较为明确的监管思路。至于这种并不公平的分配制度会对社会发展造成的潜在的不良影响，“十二五”规划中没有相关表述，但值得经济学者和社会学者认真研究。

深化对国企分类管理的认识

国有企业产生了一些腐败现象，因为分配没有受到很好的制约，或者措施不太得力，出现了如铁道部事件、中石油事件等，应该说广大老百姓是看在眼里，不光有怨气，而且可以说怨气很大，这是继续深化国企改革的一个原因。而深化国企改革，一个重要做法是必须进行分类管理，把其分为公益性国有企业、自然垄断性国有企业和竞争性国有企业。

我原来在行业协会工作，也就是社会中介组织。我在工作中经历了国企改革的全过程，从 1989 年抓大放小的改革，一直到目前国企改革的一系列过程。同时，我也在政府部门工作过，结合政府机构改革，我认为国企改革确实是我们国家建立社会主义市场经济很重要的一个方面。尤其是 20 世纪 90 年代国有企业大量退出以后，一部分职工付出了一定的代价，我们也交了很多的学费，但是国企改革的一些问题还是没有得到解决，尤其是在国企改革的思路上，在垄断企业的改革，或者在国有企业效益的增值和分配方面，国有企业改革本身和国有企业体制改革的问题没有完全理清。十五大和十五届四中全会提出的一些政策，应该说有些落实了，有些没有落实。在国家政府职能转变和机构改革过程中，出现了一些新问题，一些老问题还没有得到解决，或者说有些问题认识到了，有些问题没有认识到。

为了理清国企改革的思路，出于个人的爱好，出于对国企改革的关心，我重点关注国有企业的改革。《国企改革新思路》一书，应该说经过十年时间推敲，在 2013 年 4 月出版以后还是引起了一些反响，同时也存在一些争论。当然，我的看法是问题越辩越明，只有讲清楚，引起争论，才能够百花齐放，百家争鸣。

该书有一章叫“重启国企改革”，这话不是完全准确，我认为准确地讲应该叫“继续深化国有企业的改革”。十八大召开以后，新一届领导班子多次讲到要释放改革的红利并对此寄予了厚望。同时，我们经济发展中一些深层次的矛盾也开始暴露出来，许多议论说我们的改革进入了深水区，我想这种观点是对的。

这应该是一个历史性的大事件，很多学者、政府部门，以及广大群众，都认为国企改革是绕不开的一个重要环节。国企改革也和政府转变职能、经济体制改革和经济转型有密切的关联。国企改革在 20 世纪 90 年代取得成绩以后，有些改革没有到位，比如国企改革的分配问题、垄断企业的高薪问题、在竞争性领域的退出问题等等。

打散中石油这个说法；好像最近在传，为了解决垄断企业的改革问题，中石油是可能要被拆分成区域型的公司，或者说把中石油的管道局分出来，我认为这都是一种议论，或者说一些不同的观点。

老百姓为何会对国有企业改革问题怨声载道呢？我认为根源问题是我们过去对国有企业的分类改革没有弄清楚。至于打散中石油，我认为不是简单的一个问题，关键是要区分自然垄断性的国企、公益性的国企和竞争性的国企，它们之间有什么区别，只有在分类的基础上，在理清这些概念的基础上，才能做好它的分类改革。

当然如果中石油的业务涉及自然垄断领域和一部分竞争性领域，或者说上游企业是自然垄断型的，下游有一部分是竞争型的，那么在这种情况下，分清两种企业的属性是非常必要的。所以，应该说可能这是下一步国有企业改革需要考虑的一个方面，不排除拆分或者说把其中自然垄断性的企业分离出来，实行准公务员管理。

当然在这个问题上是有分歧的。比如，2013 年四五月份，《国企改革新思路》这本书出版以后，有些财经媒体报道了，说我提出了一个吸引眼球的概念，分类管理应该是国企改革的一个基础。但也有些人说分类管理在十几年前就提出来了，当然我是不同意这种看法的。他们的理由是什么？很多年前就提出了分类管理，但当时国企改革的重点是放在建立现代企业制度方面，忽略了分类管理。从这个方面来讲，更说明了国企分类管理的必要性和重要性，我们不能说当时没有认识到这个问题，就笼统地提出建立现代企业制度，这也是国有企业改革陷入误区的一个方面。

简单讲是这样。比如国有企业，过去在朱 ā 基当总理的时候，或者说 20 世纪 90 年代以前，国有企业战线很长，从石油到军工企业，一直到我们生活的方方面面，包括调味品、豆制品这样最基础的老百姓的生活必需品，都是国有企业在生产，所以它的战线非常长。

实行市场经济以后，我们逐渐认识到有些领域要发展民营经济，总体上来讲要建立现代企业制度，要向民营企业放开，让其他企业进入，政府管理好就行了，这可能是改革的方向。

但是这里就有先有后，所以分类管理在当时没有提出来，我认为可能是当时的条件不具备。但国有企业改革进入到一定阶段以后，就一定要进行分类管理。关系国计民生的企业，军工等一部分基础的高科技企业，国有医院，公办大学，以及一些研究机构，包括邮政这些领域，肯定是公益性的；还有一部分是自然垄断性的，不可能让所有的民营企业都进入自然垄断领域，比如中石油的管道、国家电网等；还有一部分是竞争性的国有企业。

根据我的研究，国有企业应分为公益性、自然垄断性和竞争性这三类。当然在国家“十二五”规划征求意见稿的时候，国家发改委向全国人民征求“十二五”规划的意见稿，其中包括了国有企业改革，当时我是写了关于“国有企业改革的五个问题”的意见稿，寄给发改委的。后来他们也给我回信了，说收到这个意见。不管怎么讲，在“十二五”规划草案发布以后，我发现在国有企业改革里提出了对国企实行分类管理和分类改革的意见，所以，我认为这句话具有四两拨千斤的作用。

现在应该允许民企组团进入垄断领域这样的呼声也是挺高的，这好像是最近舆论界比较热传的一句话，或者是广大人民群众对十八届三中全会改革寄予的希望。但我想这句话本身没有错，但是讲到这里，首先还是要认真回顾一下前面章节提到的国有企业改革的五个阶段：分类管理、统一出资、行业监管、阶段性推进、产权到民。

关于外界现在热传的民企组团进入垄断国企，我认为本身没有错，但是不好落实。我认为现在如果民营企业进入竞争性行业存在天花板或者玻璃门的话，那就捅破天花板、打破玻璃门，这是在竞争性领域，是对民营企业来讲；另外从国有企业本身来讲，应该主动退出竞争性领域，因为我们已经交了很多学费了。当然，民营企业进入垄断行业可以搞试点，而不是组团进入。首先，国家对哪个行业放开，它才能进入哪个行业，国家不放开，怎么能进入啊？比如我们现在讲到金融类国有企业还没有纳入国有资产统一管理，今后中国银行也好，工商银行也好，都是国有资本控股，它的主要资产也是国家的，所以，我认为，它今后也要进入国资委的管辖范围。

同时，金融业现在放开了，金融业今后就不是垄断行业，也不需要自然垄断，也不是完全公益性的。在金融领域，民营企业完全可以进入，国家现在有条件，符合条件就可以办银行，现在已经有很多企业在排队。所以，我认为这个组团论还是不确切。国家可以对某个行业放开搞试点，成功了以后就推广。如果不成功，我认为还是要做好准公共的管理，因为它是公益性的，是自然垄断性的。而公益性的国有企业，它的社会责任是第一位的，经济效益是第二位的。有些资源是取之不竭、用之不尽的，它可以无限增值，我们为什么要把这些企业放给外资或民营企业呢？当然我不排除搞试点。我对这个问题是这样理解的。

有些人认为，把垄断企业，包括文化类和金融类的国企放在国资委的旗下来管辖，这有点像新加坡的思路。其实，新加坡这个国家比较小，淡马锡模式可以参考，但还是跟中国的情况有较大的不同。我们现在为什么没有实现国有资产统一出资呢？是因为过去计划经济时期，国有资产分布的战线太长，各个部门、各个领域都有条块分割，或者说都有国有资产。国资委的前身是经贸委，经贸委主要管工业，工业类企业都划过来了，所以，其他类型的企业就没有一步到位，这应该说是一个历史上的遗憾。

但是从今后的改革方向上来看，不可能说同样是国有资产，几个出资人，若干个出资人就有若干个意见，就不好统一，或者说就容易出现各行其是的现象。所以，我认为还是应该充分研究大国资统一监管这样的格局，从出资人的角度，统一出资，然后分行业进行监管。

国企只有临摹式的现代企业制度

国有企业在竞争性领域，搞好了可以，搞不好没有任何惩罚的手段。相比之下，民营企业受到的压力更大，如果在竞争性领域搞得不好，老板就得跳楼。所以，国企应从竞争性领域尽快退出。国企的董事会也不是真正的董事会，其建立的现代企业制度只是模仿的、临摹式的现代企业制度。因为公益性的和自然垄断性的国有企业，社会责任重于经济责任，或者说对社会效益的要求大于对经济效益的要求。

我认为国企改革应先有一个最终的目标，不管要花三年五年，还是十年八年。国企分类改革研究的思路是这样的。先设定一个长远的目标，即国有企业和国有企业体制改革最后的方向性和战略性的目标，我认为是定位准确、产权清晰、公益为主、部分垄断，在大国资统一监管的前提下，彻底退出竞争性领域。当然，产权到民的问题能解决更好。

自然垄断性企业，比如中石油和煤炭企业，可能还是要以国有为主。

但这些企业怎么改革呢？不能笼统在国有企业建立现代企业制度，搞什么董事会，我认为这往往会造成我们国企的董事会不是真正的董事会，我们的现代企业制度是模仿的、临摹式的现代企业制度。因为我认为一部分公益性的国有企业和自然垄断性的国有企业，它的社会责任重于经济责任，或者说对社会效益的要求大于对经济效益的要求，一定程度上老百姓不一定要求你赚钱，但是要解决关系国计民生的一些问题。所以，在这种情况下，我认为公益性和一部分自然垄断性的国有企业，要参照公务员管理方式，需要我们做一些基础性的研究。

当然并不是说不能搞民营企业进入，可以进入，但必须搞好试点，这就是我刚才讲的，不搞试点，民营企业组团怎么进入中石油？怎么进入国家电网？怎样进入军工企业？当然军工企业也可以委托民营企业去做，比如像美国可以搞国家委托，这是另外一种情况，也属于民营企业进入竞争领域试点的一种方法。

当然竞争性国有企业现在比较复杂。首先，从战略、目标和方向上必须明确国有企业从竞争性领域退出这样一个方向。因为过去国企改革的实践已经证明，国企在竞争性领域效率低于民营企业，而且不可能在市场竞争中取胜。

同时我们经过研究，我也认为国有企业有的项目搞得很好，效益好的企业也有，但是这跟职业经理人没有多大的关系，这是一方面，另一方面经营状况不能证明个人业绩的大小，或者换一个说法，人为的因素很强，比如有人会说，国有企业在竞争性领域搞得不好，但民营企业也有搞得不好的，同时这两类企业也有搞得好的。但这并不能说明国有企业能够普遍搞好。

和民营企业竞争，有人认为国企普遍处于一种劣势，虽然说也有一些成功的国企，但还是很少，而且在更普遍的意义上，民企取得的成就大得多。

总体来讲，我过去在商业部工作过，商业部在更早以前是管理流通领域的国有企业，是市场化程度最高的，后来商业部改革的时候也成立了几十家国有企业，现在基本上没有了，只剩下一两家，或者让别的企业兼并了，什么原因呢？我们也交了很多的学费，每个企业都有几千万、几亿的注册资金，最后全部交了学费，这个教训应该说是非常沉痛的。

另一方面，从效率上来讲，2012 年中国企业联合会对中国 500 强企业调查统计的结果显示，国有企业的效率和民营企业的效率相差 50%，国有企业的资产利润率只有 1.89%，民营企业在 3.5% 以上，平均效率还是相差很大的。所以，长远来讲，我认为国有企业肯定是要退出的。

但现在的情况又比较复杂，有一部分国有企业在竞争性领域搞得还不错，我认为这部分企业，比如上市公司，已经建立了现代企业制度，可以逐步退出。对于搞得好的国有企业，我们给它建立股份制，或者让它上市，逐步退出。对一部分资不抵债或者说需要安置职工的，或者说亏债累累的，主要就是要解决它的职工再就业问题、国有资产不能流失的问题、企业改制和转制的问题，所以，不同的情况要区别对待。

当前很多人有一种主张，认为国有企业应该取消行政级别。对此我是这样看的，比如说，在公益性国有企业和自然垄断性国有企业，我们怎么能够取消它的行政级别呢？取消行政级别我们又靠什么来管理呢？所以，我认为这部分企业不但不能够取消它的行政级别，还需强化它的行政负责制或者经济责任制。尤其是对这部分企业的高级管理层和中层就应实行准行政，当然具体到一些企业，可以采取技术职务聘任制、承包制等一些其他具体措施。但总体来讲去行政化这个概念还不是很清楚，所以，我认为国企改革的大方向不是去行政化，该行政化的就要行政化，该实行公务员管理的就要实行公务员管理，该实行准公务的就要实行准公务。

我认为如果在竞争性领域，取消行政级别就完全正确了。本身在竞争性行业就不应该有行政级别，在竞争性行业，局长能够带来效益吗？不可能。在竞争性领域，大方向上是要退出，目前就是要根据不同的情况，制订不同的改革方案，甚至要一企一策。

当前对国企改革大家的期望也很多。比如有些人主张卖掉地方国企来还地方债，因为地方债是大家很关注的一个问题。根据有关报道，这几年我们经济的发展，尤其是一些地方的经济发展靠举债来维持，也就是说内涵发展比较少，外延的发展比较多，或者说粗放性的发展比较多。据说有的地方债务很重，卖掉国企资产还债，这个说法我认为也没有错。我想是这样，从国企改革发展方向上来讲，肯定是要退出竞争性领域的，比如说房地产、食品、调味品、牛奶、方便面没有必要搞国有嘛，这个肯定要退出。房地产也是，因为一定程度上来讲就是我们国有企业的强大资金实力或者贷款能力推高了房价，所以在这方面国有企业今后要起带头作用，要从这方面退出。

当然到底怎么退，我们现在要分企业，或者一企一策，总体上要退出。对中央企业来讲，自然垄断性国有企业和公益性国有企业可能比较多，对地方来讲，自然垄断性企业比较少，当然也有一部分公益性企业。如果说有的地方政府为了发展，借了银行过多的钱，在债务负担很重的情况下，影响了我们的城市建设，影响了我们的环保，影响了我们的民生，如果它有竞争性领域的国有企业可以卖啊，只要能卖个好价钱，完全可以帮助它还一部分债，减轻债务负担。同时，有的地方可以补充社保基金，从全国来讲还是以补充社保基金为主。

养老和社保是大家很关注的问题，现行的养老制度是不可持续的，包括要延长退休。我稍微扩展一点，学者有各种看法，当然一些经济学家也发表了一些我认为不负责任的观点或者研究结果。延长退休年龄、进北京要准入、房产超过 7 年闲置要充公等等这些言论，我认为都不是一个理性的经济学家和大学教授的观点或言论，这些都是不符合现实的。比如一些事业单位过去没有入养老保险，今后改革转企业，可能会形成养老金的亏空，所以，从全国来讲养老金不足这一情况是存在的，当然这也可以通过各种办法来解决。我认为我们在理清了国有企业改革思路以后，减持一部分国有资本划归养老金，这个思路是完全正确的。因为现在对国有企业的分红争论很大，很多国有企业不赢利的没分红，赢利了分红也很低，所以要提高它的分红比例。如果以后能够解决产权到民的问题，那就是国民权益基金会来管，它来决定提高分红，既然我是最大的股东，我代表全国人民，我要提高分红比例就好提高了。现在提高分红比例可能会受到一些利益集团的阻挠或者说一些不正确言论的干扰。但是这个思路我认为没有错，减持一部分的国有资产，用作全民的养老，这太符合常理了，是非常正确的。

如今，国资委已经在推动企业改制上市、兼并重组、项目投资等引荐民间资本和战略投资者。对这个问题，我想简单谈几点。这些基本是我从政府机构出来，干行业协会以后十年来对国有企业改革研究的成果，反正一家之言，提供给决策部门参考，同时也起到理清思路、传播思想或者说共同提高、共同促进国企改革这样一个作用。

我也注意到国资委副主任黄淑和最近呼应十八届三中全会的召开，发表了一个有关国企改革的讲话，重点有两个。一个是要在近期出台关于国有企业改革的指导意见，同时要促进民营企业进入国有企业，我认为这个观点跟我刚才讲的基本相吻合，应该说大方向是没有问题的。当然分类管理也是很重要的一个方面。当我不能说分类管理就是他们采纳了我的意见，反正我认为总体还是朝这个方向在改，尤其是一些具体的问题，可能在改革过程中还会遇到，比如我刚才讲的取消行政级别，我认为目前在垄断行业根本不可能取消。当然，黄主任目前透露的消息也没有涉及具体的改革方案，我认为这可能都是国有企业管理部门，也是我们这些经济研究机构应该关注的。

现在对于改革有两种思路，一种是从基层倒逼，80 年代的改革很多是从基层倒逼过来的，一种是要顶层设计。我认为这两种都没有错，代表了两个不同的意思。比如说改革开放的总设计师邓小平最早发动改革的时候，当然阻力还是很大的，他提出了实践是检验真理的唯一标准，从此，拉开了中国改革的大幕，所以，当时的联产承包责任制也好，小岗村的实验也好，都是人民群众在基层的实践，之后由实践上升为理论，或者上升为中央决策，从这个意义上讲，中国的改革目前确实到了深水区，因为我们的改革遇到了经济转型的困难，遇到了经济增长的瓶颈，同时也遇到了中等收入的陷阱，也遇到了很严重的腐败问题，这些都会干扰我们国有企业的改革。从各个方面的现实来讲，现状逼着你改，你不可能不改，不改革就没有出路，不改革也就不能前进。我们现在的领导人，都在讲要释放改革的红利，必须改，不改不行。改革倒逼也对，改革没有回头路，这是中央的决定，十分正确。

同时，我个人认为顶层设计在中国的改革语境中或者在中国目前改革的情况下具有非常重要的意义。一个全局性的改革或者大的改革措施，基层有实践，但是需要得到中央的肯定或者中央领导的推进，所以，我认为顶层设计非常重要。同时，我还认为中国改革的顶层设计可能比其他一些国家的顶层设计更重要，为什么？因为相对而言，我个人认为，比如说一些发达国家，它的制度性作用比较强，在中国相对来讲，个人的作用比较强。也就是说，各级领导具有决策能力或者决策权，他们的思路或者对一些问题的看法，或者在决策拍板中的重要性，对政策设计的重要性更突出一些，我是这样认识的。所以，在这个意义上，顶层设计又占了上风。但总体来讲，我认为基层倒逼和顶层设计是一个相辅相成的关系，是相互促进的关系。

比如，好的基层改革措施，不能够推广或者说不能够推广到全国，局部性的改革起的作用就小。同时如果改革的时机成熟了，但我们的重要决策者审时度势的决策力不够，或者没有顺应这种改革的情势做好更周密的顶层设计，改革也比较难以成功。所以，这两个方面我认为是要互相促进的。

目前，我认为从国企改革单方面来讲，它包括两个方面，一个是国企本身的改革，就是如何正确做事，还有一个包括国有企业管理体制改革，就是如何做正确的事。在这个基础上，我认为顶层设计更重要，因为刚才我们讲了那么多，国有企业改革到目前这个阶段，一方面我们要进一步百花齐放，百家争鸣，使真理越辩越明，使好的建议能够上传到各级决策部门。

目前顶层设计非常重要，什么意思呢？包括我们刚才讲的大国资的统一监管，包括我们要理清国企体制改革和国企改革两个不同的思路，或者是体制改革和国企本身改革不同的问题，都不是国资委一家能够解决的，所以，我认为现在在国企改革方面提出顶层设计更重要，因为有些改革，特别是制约一些利益集团的改革，不是国资委能决定的，需要更高层级的国家领导人来推动或者说来决断。所以，在这个层次上，我认为顶层设计更重要。

刚才大部分讲的是智识团队和其他民间智库对国企改革十年来所做的一个全局性的研究。当然，我们这个研究主要是偏重于宏观管理方面，因为我们对具体的，比如电力行业、石油行业、电信行业、流通领域、军工行业、高科技行业这些具体领域的研究，还是鞭长莫及，我希望我们这个国企改革的思路应该起一个抛砖引玉的作用，也希望刚才我说的各个分支的国有企业根据自己部门的现状和行业的现状，做一些分行业的研究，期望我们共同为国有企业改革献计献策，为国家的经济转型贡献我们的一份智慧和力量。

要对国企高管实行准公务员管理

近年来，国有企业高管及员工薪酬和福利成为众矢之的。制定一个基于企业绩效，又兼顾国情和社会公平的国企薪酬机制，一直是国企主管部门着力解决的问题。按照当前国企改革的大原则去设计分配制度，是解决国企高管收入问题的关键。应对国企的经营者实行一套符合中国实际的分配管理制度，即实行公务员管理或者准公务员管理。

变革监管模式

不久前，一家有几十名职工的国有企业的负责人，因为给职工超额发奖金而被追究了刑事责任。其实，国有企业的财富在管理和运营过程中很容易转化为内部人士的高薪、奖金和福利，近年来一直为民众所诟病。

举个例子，中石油 2010 年的经营支出高达 12 776.38 亿元，比 2009 年激增了 45.9%。而同类的国外巨头如果支出比例如此高，估计早就倒闭了。

如此庞大的支出用在哪里了呢？中石油2010年雇员酬金总额为833.04亿元，比2009年增长了20.8%，是CPI（消费者价格指数）涨幅的6倍多。还有的国企可以拿出5亿元巨资给企业高管发奖金。

中国铝业2012年亏损额为82亿元，预计今年还要亏损23亿元。由于企业亏损，该公司董事长降薪30多万元，但是他2011年的年薪为80多万元。也就是说，国有企业即使亏损，董事长年薪还有50万元，这显然不合理。

此外，由于监管不严，国企普遍存在的浪费与挥霍现象更是触目惊心。比如，石化双雄接连曝出天价吊灯、天价名表、天价豪车等系列丑闻，而这不过是冰山一角。

这是因为我们在国企监管上存在很大的问题，一是由于国企的特殊存在形式，对国企的监管非常复杂。国企产权属于全民，但是全国人民不可能直接管理，就委托政府管理。国务院作为政府最高管理机构，又委托国资委管理。但目前来看，国资委对于国企的“溺爱”多于严厉的监管。对于国资委而言，众多国企似乎更像是“嫡子”，而非监管对象。

此外，国企监管难的另外一个原因，在于多头管理。当下，除国资委直接管理的100多家央企外，在中央部门还存在众多部办企业，如文化部将中央文化企业兼并重组之后，形成了系列巨型文化国企，教育部也在重组企业，金融国资委也是部分经济学家呼吁组建的议题之一。我统计了一下，80多个部委数千家下属国企未被纳入国资委监管。

这些非竞争性国企一般都非同小可，其领导者身份显赫，往往对应着一定的级别，类似政府官员。某种意义上说，国企高管的行为方式更多是基于政治逻辑而非商业逻辑。此种情况下，对于国企高管的个人监管，就需要更多地纳入到政府官员监管体系，而非财富与权力的先后通吃。

很多人认为，新加坡的国企应该是世界上最好的。新加坡对国企的管理方式是建立国家控股公司代行出资者权力，其国企的效率之高世界闻名。在我看来，这缘于新加坡有非常严谨的法律体系，其政府清廉指数也非常高。如果政府腐败无能，很难想象国资的监管会如此到位。

另外，由于政治制度以及民族文化的不同，一些国家还采取主管部门行使出资者所有权的方式对国有企业进行监管。比如法国实行稽查员制度，派驻国企的稽查员拥有调查、参加管理部门会议并发表意见和调阅企业文件的权利，在诸如原材料采购、工资和价格管理等方面也享有较大的发言权。

准公务员管理

目前，国企领导及员工薪酬和福利高于一般企业的现象非常普遍，其实人社部等部门早就出台了《关于进一步规范中央企业负责人薪酬管理的指导意见》，但这种现象愈演愈烈。我认为，这是对国有企业高管薪酬进行的市场化改革所导致的。中共十五大和十五届四中全会明确了国有企业要在竞争性领域退出的基本思路，同时明确了国有资产主要进入的关键领域，也就是自然垄断领域。1998 年，朱镕基总理主持了国有企业“抓大放小”的改革。当时，大多数国企是亏损的，甚至资不抵债。在改革的过程中，虽然也有国有资产流失，但总体上风险不是很大。当时，国家经贸委对大型国企（30家左右）的领导者也是按公务员（副部级）进行管理的，我对此持肯定态度。

但是，后来进行的所谓的市场化改革造成到目前为止分配问题越积越大，为广大民众诟病，也成为社会分配不公的重要原因之一。尤其是国企管理人员与国家公务员在薪酬分配上的巨大差距，造成了严重的互相攀比和心理失衡，助长了腐败的形成，毒化了社会风气，也成为影响社会发展的重大问题。

针对这种情况，一些专家学者开出了“药方”，提出了对国企领导者实行年薪制、经营者持股和经理期权等主张。这些主张在实践中具有明显的不合理性，不仅起不到激励作用，反而会产生很多负面影响。比如，年薪制在一定程度上可以调动经营者的积极性，但这并不能使经营者的收入由暗变明，防止其牟取除年薪以外的其他非法收入。尽管有的地方实行了风险抵押制度，但有的国企资产高达千万元甚至上百亿元，经营者区区几万元、几十万元或几百万元的风险抵押金如何能承担如此大的风险？况且风险抵押金的交纳比例如何确定也是个难题。如果大多数经营者没有足够的资金做抵押，这样的风险制度岂不是形同虚设？

建立经营者持股制度的初衷是好的，但实施起来不一定能收到好的效果。经营者持股多少才算合理？这是个很难确定的数字。如果一个经营者在企业的持股比例很小的话，实际上等于未持股，那么这种制度就没有建立的必要了。如果一个经营者持股比例很大甚至超过一定比例的话（国有企业做不到），那么国有企业岂不成了股份制企业或民营企业了？

股票期权制度也是如此。股票期权给多少？由谁来决定数额？以什么标准来确定数额？即使由董事会确定，也是很难找到根据或标准的。上述问题的不确定性表明，这种制度设计的本身就存在严重的缺陷和明显的不合理性，其作用如何可想而知。

我认为，国企的分配制度改革不能盲目地把国企经营者的收入与国外企业相类比，应当按照当时中央国有企业改革的大原则，对国有企业的经营者实行一套符合中国现状的分配管理制度，即实行公务员管理或者准公务员管理。

所谓准公务员管理，是指凡涉及自然资源垄断、行政垄断、国家安全、军工和具有公用性质的国企一律应实行单一的国有体制，从领导层到员工，均应参照国家公务员的管理模式，实行行政级别制和专业人员职务聘任制。这些高管与国外大公司的CEO不是一回事，并非是在市场上被选择出来的企业家，而是被上级主管部门任命的官员，有的对所属行业完全陌生，可以说，企业赚钱跟其努力并无必然的联系，亏损倒是关系甚大，因此按常态，只能领取与其作为公务员相当的薪酬。

这样做，不仅有助于解决社会公平，也容易消除目前国家公务员与国企管理人员之间的相互攀比，还可以使国企的约束机制进一步明确。

很多人有疑问，这样下来，效率和积极性问题如何解决？要知道，现在很多地方都不同程度地存在着公务员工作懒散、办事拖拉、效率低下等问题。这其实是个伪命题，因为在当下中国，官本位体制和机制对人才还是有相当大的吸引力的。

更重要的是，实行准公务员管理制度后，各级国资委“守门员”的角色就会得心应手了，其职能主要是监督、检查和防止国有资产流失，制定国企管理人员考核管理办法，以此来加强对国企管理人员的调整和晋升。在这里，国资委不是以资产所有者的身份出现，而是以管理“保姆”的管理者的角色出现，行使全体人民委托的权力。

第八章　打破垄断实现改革突破

国企改革绕不过垄断问题，如何打破垄断，实现产权清晰的改革目标是摆在中国改革面前的难题。正如我们在上一章中讲到的，在一些重要行业和关键领域，如公益组织和行业，国企应该保持垄断地位。但在竞争性领域，国企应该退出。针对中铁总、国有银行、文化行业的改革，应该采取什么样的措施，始终牵动改革最敏感的神经。总的来说，我们现在要做的是让竞争性行业的国有企业合理有序、分期分批地退出，全力以赴搞好垄断行业和公益性行业的国有企业。如国有企业逐步退出民用航空业、电信业、金融服务业、房地产业、汽车制造业、食品制造业、设计制造业和为垄断行业服务的下游产业等，给民营资本和民营企业留出足够的发展空间。

“垄断”与“竞争”

什么是“垄断”？《新华字典》中的解释为：操纵市场，把持权柄，独占利益。什么叫“竞争”？《新华字典》中的解释为：为了自己或集团的利益而跟人争胜。什么叫“公益”？《新华字典》中没有解释，只有对“公”的解释：属于国家的或集体的，跟“私”相对，如公物、公务。我们权且把“公益”解释为“公共利益”。

中共中央、国务院公布的“十二五”规划中明确指出要“对公益性与竞争性国有企业分类管理”。我认为在目前中国的语境和现实情况下，应把垄断性国有企业也纳入分类管理之中。只有这样，才能更好地研究国有企业改革，才能解答在国有企业改革中碰到的许多新问题，才能使关于国有企业改革的研究与讨论消除许多悖论，才能制定正确有效的国有企业改革政策。

首先，我们要明确哪些行业或产业是属于垄断性的，是需要政府控制、权力介入、利益独占和市场调控的。同时要明确，进入垄断行业的国有企业负有重要的社会责任，在很多问题上不可与民营企业相提并论。按照党的十五大和十五届四中全会提出的“国有资产主要进入关键领域”的要求，我认为国有“垄断”行业应包括以下行业：

1. 自然资源行业：如土地、港口、石油、煤炭、电力和地质矿产行业等。

2. 军工行业：如军用航空、航天业和兵器制造业等。

3. 基础科学研究院（所）和部分国有大专院校等。

4. 文化传媒产业：如电视台、广播电台和部分出版社、报社、杂志社、互联网传媒产业等。

5. 供水、供气和供电等公用事业行业。

6. 铁路、公路、机场和航运、海运等公共设施行业。

7. 承担国计民生重要商品储备和重要战略物资储备的流通产业。

8. 政策性金融服务业。

9. 公益性国有医院。

10. 与上述行业或产业相关的部分企业等。

对于以上垄断行业，包括部分公益性行业，应该明确其保持国有独资的性质，无须向国外投资者和企业开放，尤其是不需要建立股份有限公司，既不需要实现股东利益最大化，也不需要外国投资者分享其利润。只要实行有中国特色的准行政和准公务员管理就可以解决一切问题。因为其行业资产是全国人民的，由国家作为代理人管理就足够了，做大做强似无必要，关键是要为全体国民做好服务。当然，如何管理垄断行业和企业，是否可以向民间开放等问题，是需要专题研究讨论的。这实际上也是国有企业改革中是否允许民间资本进入和如何进入的大问题，也是经济学家争论不休的问题。现在存在的问题是，一些资源无限增值行业的国有企业已经引入了部分外资，即战略投资者。他们通过合资、合作的生产经营方式获得了部分股权，并且分得了大量“真金白银”，而国内民营企业却不得进入，事实上造成了对中国民营资本的严重不公。

所以说，目前垄断行业国有企业改革的困境是由于理论上的不成熟，缺乏试点经验教训而盲目操作造成的。这种状况再也不能继续下去了。为此，我认为目前在垄断行业应允许民营资本进入，与国外资本已经进入的行业和企业进行比较，从而得出哪些行业和企业可以进入和必须退出。在取得试点成功和总结经验的基础上再研究是否推而广之。但在没有进行试点前，就允许外资进入垄断行业而不允许民营企业进入垄断行业的做法是没有任何理由的。即使是摸着石头过河，现在也应该到总结经验教训的时候了。当然，对于垄断行业也应该研究部分产业可以委托民营企业经营的办法和措施。如美国的军火生意就是通过下订单的方式委托私营企业生产的。

其次，我们要明确哪些行业和产业是属于竞争性的。我认为所谓竞争性行业是除以上垄断行业与产业以外的所有行业和产业，且随着市场的发展和消费需求会不断出现新的行业。但目前我们实在找不出国有企业在竞争行业存在的理由和必要性。如果非要找一条理由，那就是已经形成的既得利益者不愿意放弃既得利益或想继续官商勾结设法寻租。既然竞争就是为了自己或集团的利益，何必在竞争性行业建立国有企业去添乱呢？我们不否认目前在竞争性行业还有一定量的国有企业存在，部分国有企业还能赢利，但这不是继续存在的理由。

中国改革开放30多年的实践已经充分证明：国有企业天然不具有市场竞争力，其赢利部分来源于未交纳的土地资源租金、财政补贴等非市场因素。如果我们现在连基本的事实都不敢承认或不愿意承认，那我们今后将会交更多的学费，付出更大的代价。这是全国人民都不愿意看到的。因此，我们现在要做的是让竞争性行业的国有企业合理有序、分期分批地退出，全力以赴搞好垄断行业和公益性行业的国有企业。如国有企业逐步退出民用航空业、电信业、金融服务业、房地产业、汽车制造业、食品制造业、设计制造业和为垄断行业服务的下游产业等，给民营资本和民营企业留出足够的发展空间。竞争性行业国有企业退出的资金可用于国家基础设施建设和社会保障等方面，何乐而不为呢？

银行业改革须找准突破口

如果说我国金融业的改革滞后于其他领域的改革的话，金融业中银行业的改革则更显滞后。其财务报表上光鲜亮丽的利润业绩不仅不值得骄傲，反而难掩其巨额经营风险的重重隐忧。虽然集政府信用、国家信用甚至主权信用于一身，并附带限制其他行业资本和民营资本进入的屏障保护等，但终究无法掩盖其靠垄断维系其基本运转的态势。靠存贷款息差维系其生存的疲态，靠贷款延期或转嫁不良贷款于广大百姓的数字游戏，助长了人民币贬值，增加了通胀风险的严重性。因此，近期中国银行等几家国有银行的股票纷纷低位续跌，遭遇国外投行股东的减持就不足为奇了。他们认为跑得越早越好，埋单的自有中国百姓。

面对中国国有银行业存在巨大经营风险的尴尬现状，有关专家对国有银行提出了所谓的建设性意见：一是进入以投资银行等为主的跨业经营；二是大力拓展中间业务，以改变目前国有银行靠挣存贷款息差为主的经营模式和现状，并认为这是国有银行主动适应利率市场化的需要。专家的建议堪称经典，利率市场化也是金融业市场竞争的必然选择，但用在国有银行身上合适吗？如果合适，其潜台词就是：国有银行只有去开展跨业经营和开拓中间业务才能提高核心竞争力。也就是说，一旦将来利率市场化，国有银行业就能够依靠中间业务和跨业经营，在激烈的市场竞争中站稳脚跟，求得发展。我认为，这只是所谓的金融专家们一种良好的愿望，而良好的愿望不见得能取得好的效果。如果不遵循银行业和金融市场发展的基本规律，形成银行业良好的准入、发展、竞争和自由胜出的环境和条件，中国的金融市场就难以繁荣，真正的具有核心竞争力的银行企业就难以发展壮大。如果不彻底放开银行业的准入，就不会有民间中、小银行的发展壮大，国有银行这些被“惯坏的孩子”虽可长大，但难成人。

目前，中国的银行业基本上分为三类：一是以中国工商银行、中国银行、中国建设银行和中国农业银行四大行为主体的国有大银行；二是以北京银行、上海银行、渤海银行、浙江银行和南京银行等以国有资本为主导的商业银行，它们主要是从原来各省、市的地方商业银行演变而来的；三是在改革开放后陆续建立的浦发银行、广发银行、光大银行、华夏银行、兴业银行等国有资本控股的股份制银行业。而真正的市场化民营银行（民生银行是一特例）基本没有，只是一些地方以原来的农信社为主建立了一些小型民营银行，且附加了种种准入和经营限制。有的只是只贷不存的小额贷款公司，不能称为真正的银行。

这就是中国银行业的现状，基本上还是国有银行一统天下。民营银行虽然在政策上无进入障碍，但人为附加的种种限制和条件（如资本金等）实际上形成了民营资本进入银行业的玻璃天花板，看着好，进不得。试问，在这种语境和环境下，怎么可能发展民间中小银行，形成银行业竞争的良性循环？又如何才能实现所谓的利率市场化的发展目标？

首先，目前中国银行业国有企业一统天下的经营格局，不存在优胜劣汰的市场条件，既不会产生金融危机，也不存在银行企业倒闭风险。一切都是在以国家利益和国家信用做保证，或把风险转嫁给不良资产处置公司，由财政埋单。而投向大国企和政府平台形成的不良债务贷款则可以延期，并通过以时间换空间的手段靠增发票子，延缓流动性风险，最后结果还是由全国人民埋单。据国家审计局最近发布的数字：2009~2010 年我国地方政府形成的债务已达 10.7 万亿元，其中银行贷款为 8.5 万亿元，占到债务的近 80%，这足以说明问题的严重性。

其次，在目前中国银行业国有企业一统天下的时代谈所谓的利率市场化近乎天方夜谭。因为利率市场化是有条件的：一是要放松金融管制，人民币在国际上可自由兑换；二是要形成真正的银行业市场化竞争格局。这两个条件目前在我国都不具备，甚至连民营银行基本的准入都不允许，况且培育和发展一批有竞争力的民营银行是需要过程和时间的。所以说，在目前我国银行业的体制没有进行根本改革的前提下，希望国有银行业减少存贷款息差收入，靠开拓中间业务和跨业经营做大业绩几乎是不可能的。从这个意义上讲，真正的利率市场化实现之后，将倒逼国有银行进行调整改革，甚至不排除一批国有银行倒闭。

实际上，从某种意义上讲，目前中国的融资市场早已是利率市场化的天下了，只是管理当局不愿意承认而已。大量的中小企业经营不靠银行贷款，尤其是不靠国有银行贷款。据浙江温州中小企业协会调查统计，当地80%的中小企业是靠民间借贷维持生存发展的。很多企业的资金成本也已与银行利率相去甚远，它们才是真正的市场竞争的主体，也是中国经济发展的希望所在。对于国有银行来讲，目前的利率非市场化和负利率只不过是国家给予的行政垄断保护，是国有银行利用国家信用和地方政府、国有企业之间维持的一种“一荣俱荣”的游戏，与真正的金融业改革南辕北辙。广大人民群众的存款负利率，权当国民对国家的贡献罢了。

至于说实行真正的利率市场化改革，首先要考虑的不是让国有银行开展跨业经营、开拓中间业务那么想当然的事，而是要从现在开始，放开金融业的管制，降低民营银行进入的门槛，创造公平的竞争环境，尽快形成一批能够为中小企业服务的中小民营银行。只有这样，才能打破国有银行业一统天下的经营格局，培育一批通过公平竞争形成的银行企业主体，改善银行的服务态度，提高服务水平和服务质量，为利率市场化创造条件，改变目前“银行为刀俎，百姓为鱼肉”的现状。

因此，目前我国银行业的改革需找准突破口，而不是在继续维持国有银行为主体的封闭的小圈子里打转。

“文化国企”的改革须知

十七届六中全会吹响了我国文化事业和文化产业改革的号角。一批原来的国有文化事业单位将转变为企业，“文化国企”的概念浮出水面。对此，我提出五点建议。

第一，要明确文化国企的概念。文化国企是指在文化产业领域由国家作为出资人组建的全资、独资、合资和国有控股的经营性企业。根据目前我国文化国企的实际情况，其业务范围大致分为以下五类：一是出版业，主要指以出版报纸、杂志、书籍等出版物为主营业务的出版社、出版公司、报社、杂志社等；二是演艺业，主要指以进行对外演出或公开播放影片为主营业务的剧院、剧团、演出公司（院线）等；三是影视业，主要指以拍摄和播放电影、电视剧、电视节目及广播节目为主营业务的影业公司、电影制片厂、电视台、广播电台等；四是网络传媒业，主要指以互联网为载体提供信息服务、广告服务、传播服务及相关延伸业务为主营业务的新型传媒企业，如新华网、人民网等；五是与上述业务相关的其他文化国企。

其次，要进行文化国企的重新定位。在我国文化事业管理体制改革以前，涉及上述业务的单位基本为事业单位，参照行政体制予以管理。经费主要由财政支出负担，人员参照政府公务员管理。因其不属于企业，也就不存在股东利益最大化的问题。而文化事业管理体制改革后，文化领域的大多数业务开始放开，除一些业务要履行相关的审批手续和行政许可外，放开竞争是必然趋势。在竞争中必然出现经济效益和社会效益之间的矛盾，所以“文化国企”应与其他民营企业有不同的定位。其公益性和特殊性非同一般。

文化国企与其他文化企业的不同定位，在于不能将经济效益放在第一位，应充分认识文化国企的公益性和特殊性。一方面，担当着传播先进文化，把握正确舆论导向的责任；另一方面，也肩负有支持发表不同意见和思想言论，发现和挖掘有利于社会发展和改革的真知灼见的社会责任。只要是公益性的文化事业，或者是理性的意见传播，甚至是抨击时弊的言论，都应以包容的姿态给予支持。

第三，有所为有所不为。要按照“十二五”规划中提出的“对公益性和竞争性领域的国有企业实行分类管理”的原则，明确文化国企的边界，应引导文化国企退出竞争性文化产业领域，做到“有所为有所不为”。

第四，贴补和政策优惠。国家有关部门对文化国企承担的公益性业务应给予财政补贴的扶植和税收减免的优惠。

第五，管办分离。实行出资人和监管单位分开，引导文化国企的正确发展方向。

30年弹指一挥间

30 年如梦，弹指一挥间。

1983 年 8 月 18 日，我从山西财经大学毕业后到北京复兴门内大街 45 号院工作，成为国务院商业部公务员队伍中的一员。30 年零 5 个月后的今天——2014 年 1 月 18 日，我正式向上级递交报告，辞去国务院国资委商业科技质量中心主任一职，准备退休。办公地点还是在北京复兴门内大街 45 号，我的工作经历从开始到退休整个画了一个圆。现在我已加入智石智库，担任智石经济研究院副院长，开始了人生的又一转折。在过去十多年主要围绕社会组织发展和国有企业改革的研究实现阶段性目标（被《决定》部分采纳）之后，我开始潜心于中国土地制度改革、产权制度保护和制度经济学的研究。

30 多年前，1979 年夏秋之交，也就是十一届三中全会召开后的第一年，我从山西农村考上了山西财经大学计划统计系。上学之前，我所在的山西省万荣县皇甫人民公社北吴村正在分田到户，我和母亲分到了3亩地。此时，母亲年事已高，丧失了劳动能力，不可能承担责任田的相关义务，而我要去上学，就把我家的责任田转让给了邻居，人家耕种我的地，每年给我母亲300斤小麦作为口粮，多余的收入就归人家所有了。事实上我成了名副其实的“临时地主”，邻居成了我家的“长工”，我情他愿，可说是中国较早出现的土地流转样本，我也可以安心上学读书。直到30多年后的今天，十八届三中全会召开，我所研究的内容仍然包括土地制度改革，即农地流转和农村集体经营性建设用地入市一类概念。没想到的是，这种土地制度改革我在30年前就付诸实践了，一实践就是30年，至今仍然看不到突破的迹象和前景。

现在母亲已经去世了，老家的3亩承包地依然如故。原来说15年承包期不变，后来又改为30年不变，再后来一位中央高层领导曾说：30年不变就是永久不变。对此，我也不知道家里3亩承包地今后变不变，怎么变？那就继续托“长工”打理，我也由当时的“临时地主”变成30年以上的“中年地主”了。与这3亩承包地命运相同的，还有我家的半亩园（宅基地）。半亩园里，有我亲自盖的三间大瓦房，已有20多年无人居住，院里杂草丛生，树木参天，房子在经历风风雨雨之后破烂不堪，租出去无人住，只能托人代为照看。

当然，造成这一切的原因很简单，主要有两个。一是我在北京工作了30多年，从原商业部到国有企业，再到原国内贸易部，又到原国家经贸委内贸局，再到行业协会，后又同时担任国资委商业科技质量中心主任，直至将要退休。现在的我，可以说经历不少，挣钱不多，干活很多，荣誉很少。虽然住有所居，老有所依，干有所为，但难得萌生回老家的动机，更谈不上叶落归根、衣锦还乡或报效家乡了。2013年，央视记者柴静出了一本畅销书《看见》，其中写到，她自己在山西老家遇到一位地方干部的冷嘲热讽："央视名人能为家乡办什么大事呢？"而柴静在书中认为，她写的关于环境保护的批判文章，就是为山西老百姓办事。对此，我自己是这样认为的：从物质贡献角度来讲，我与柴静无异，而谈到对家乡的贡献，七尺男儿尚不如一纤弱女子。二是我家的3亩承包地和半亩园都无产权，宅基地虽然无人用，但是不能卖，只好维持现状。而30多年来土地浪费和土壤污染却是不争的事实，这种由于缺乏产权保护导致的现象还会继续下去。

我经常在想：如果能实行土地私有化政策，农村的承包地和宅基地绝不会30多年基本无变化。倘如此，大概不外乎两种情况：一是承包地和宅基地已出售给需要它的人，实现了其应有的价值；二是也可能被别人买去并追加投入，追求更多正当的财产权利。其结果是土地利用率的提高和美丽乡村梦的早日实现。但现实并未如学者们的一厢情愿，从《决定》里面有关土地制度改革的政策来看，仍有待继续向前推进。因而，改革正未有穷期，吾辈需潜心研究。我认为，当前可暂时搁置国有土地改革，着手启动集体土地私有化改革。如不能全国统一施行，可否从建立若干个集体土地改革特区开始，破冰土地私有化改革？这将是中央全面深化改革领导小组面临的一项重大任务，也是智库、经济学家和社会学者应认真研究的重大课题。

附　录

直面国企改革十问

《决定》发布后，我接受了财经网《高端财访》栏目的访问。在访谈中，我回答了关于国有企业改革的十个问题。以下为访谈实录：

一、《决定》中，国企改革亮点多

主持人：欢迎来到今天的《高端财访》。我们今天的嘉宾是国务院国资委商业科技质量中心主任卫祥云先生。

卫老师您好。十八届三中全会刚刚结束，三中全会的成果，也就是《决定》在公布之后，引起了社会各界的广泛关注，也引起了新一波的讨论。在您看来，《决定》在国资改革和国企改革方面，有什么新的亮点？

卫祥云：总体来讲，《决定》对我们改革方向的总目标和总方向把握得是非常到位的，提出了改革的总目标是建立社会主义市场经济制度，重点是经济体制改革。同时，国有企业改革肯定是经济体制改革非常重要的一个方面。

我认为在重启国有企业改革，或者叫深化国有企业改革方面的举措是非常到位的。

要问十八届三中全会关于国有企业改革的亮点有哪些？主要就是提出了国有企业的分类管理，提出了准确界定不同国有企业的职能。同时，明确了国有企业改革的路径和方法，就是要加大对公益性企业的投入，重点放在公共服务领域。

对于自然垄断性的国有企业，要实行政企分开、政资分开，就是网络和运营要分开，放开竞争性业务，应该说《决定》在这方面有比较大的突破。十多年来，我和智石团队一直在研究国有企业改革新思路，近两三年来，提出把国有企业分为公益性、自然垄断性和竞争性。可以说这次十八届三中全会关于国企改革的分类管理，比我们的研究大大进了一步，也就是说现在的分类改革比我们的研究成果还要超前。

主持人：是吗？

卫祥云：所以我认为十八届三中全会关于国有企业改革的很多亮点不需要过多的解释或者是解读，认真贯彻就可以了。这是《决定》非常具有创新性的一个方面。

主持人：不久前上海市也颁布了《关于进一步深化上海国资改革促进企业发展的意见》，您对这个意见有什么评价吗？

卫祥云：现在有媒体报道说，上海市打响了国企改革的第一枪。

首先它公布得比较快，我认为实际上在十八届三中全会召开之前可能就有一些改革的思路，应该说跟我们研究的思路还是相吻合的。比如说，上海市这次国企改革的亮点，就是从过去的“管国企”转变为“管国资”。

同时，对国有企业的高级管理人员，可能要分不同的情况进行行政和市场化两方面的管理，这跟我们的研究内容是相一致的。另外还有一个亮点就是，上海市这次改革提出，在一些完全竞争性的行业，国企可以直接退出。上海家化就是一个典型的例子，这不是说继续经营、上缴红利的问题，而是国有资产直接完全退出竞争行业，这是一个非常好的典型。

二、分类管理是下一步改革的重中之重

主持人：您在书里面也提到了，在国企改革中，应该对国企进行分类。您是国企改革管理理论方面的专家，《意见》中，提到将国企分为竞争类、功能类、公共服务类，您对此有什么评价？另外我注意到《决定》和《意见》对于国企分类好像有一些区别。不知道您有没有注意到？怎么看这样的区别？

卫祥云：我注意到了。

从20世纪90年代，即朱镕基总理时代“抓大放小”的改革以后，大量的国有企业退出了，我们也交了很多的学费。但是，由于国企改革涉及国家体制改革的方方面面，可能我们当时没有把它的分类管理提上重要议事日程，也就是说当时的主要目标是建立现代企业制度。建立现代企业制度本身没有错，但是从国有企业各个领域来看，可能会有些问题。

所以在这种情况下，关于国有企业的分配问题，国有企业高管的高薪问题，国有企业引起社会不公平的问题等等，在社会上造成了一些不好的影响。在这种情况下，分配思路的问题，还有垄断的问题，为什么能对社会公平产生一些不好的影响，我认为主要是因为没有搞清楚分类管理。

《国企改革新思路》这本书出版后，引起了比较大的反响。我在书里写了，国家发改委面向全国征求“十二五”规划的意见之前，我就专门写了关于国有企业改革的五个问题的意见稿，向国家发改委反映，国家发改委给我回信说收到这个意见了。在国家“十二五”规划中，我就发现在国有企业管理改革中出现了对竞争性行业的国有企业和公益性行业的国有企业进行分类管理的意见，当时我就写了一篇文章，对这个意见进行了充分的肯定。同时，我认为分为两类还不太合适，还有处于中间类的自然资源垄断领域，所以我认为应把国有企业分为三类进行改革。

当然，可以说十八届三中全会采纳了我们这个意见以后，对自然垄断领域的国有企业提出要放开竞争性业务，应该是迈出了一大步。

主持人：我注意到您提到了三类，就是公益性、竞争性。

卫祥云：和自然垄断性。

主持人：对。

卫祥云：原来“十二五”规划里边没有自然垄断性。

主持人：您能详细给我们解释一下，哪一类属于公益性，哪一类属于竞争性，哪一类属于自然垄断性吗?

卫祥云：简单讲是这样，城市供水、供电，城市的铁道、地铁，包括我们的国有医院、公办大学、高科技单位、基础性的科研单位，这些都是公益性的国有企业；中石油、中石化，还有煤炭行业，是自然垄断性的国有企业。

主持人：比如刚才提到的上海家化。

卫祥云：对，上海家化是一个典型。

按理说金融业也应该属于竞争性行业，但是过去我们金融业没有放开，实际上一直是按垄断企业在管，也没有允许民营企业进入金融领域。

按照《决定》，那就是要放开。当然，除了食品、商业、商贸流通，以及国家规定的储备人物这种关系国计民生的重要领域以外，其他食品领域完全可以放开。当然还包括房地产行业，我认为应该完全放开，而且严格地讲，国有企业应该主动从房地产行业退出，但是现在没有退出。

主持人：这个我们谈了很久了。那么《意见》和《决定》之间有区别吗？

卫祥云：上海是十八届三中全会以后第一个开启国企国资改革的地方政府。但是我认为它的步子还是不够大，有些分类还不是特明确，还没有达到《决定》的要求。

但是它既然提出来了，我认为还是做了相当充分的准备的。目前分类是出来了，但是总体上来讲，可能下一步国务院国有资产管理委员会还要出台一个关于深化国有企业改革的细则，或者叫指导意见。上海应该说是首开先河，还是有一定的示范作用。

三、“淡马锡模式”不应全盘照搬

主持人：在上海市“国改20条”出台之后，有一个词现在讨论得非常火，就是淡马锡模式。我注意到在很长一段时间里，大家都在争论这个模式，您认为所谓的淡马锡模式有什么特点？

卫祥云：如果单独评价淡马锡模式，应该说在新加坡这样一个比较小的国家，是一个比较成功的国有企业的运作或者说管理模式。

我认为我们可以借鉴，但不完全适合中国的国情。按照十八届三中全会的要求，今后我们可能在公益性的，少数关系国家安全的国有企业和国有投资公司或者运营公司实行国有独资，这样的企业可能跟淡马锡有相同之处，或者说也参照了它的一些做法。但是，对关系国计民生的重要领域、关键领域，一部分自然垄断行业的上游企业或者下游企业，可能要区别对待，不可能完全照搬淡马锡的模式。

这次《决定》里面提出要成立国有资本投资公司和运营公司，它实际上就是一个国资整合的平台。

国资委在2011~2012年搞了一个中国国新控股资产管理有限公司，它实际上就是借鉴淡马锡模式，设立的一个国有资产投资运营的平台。应该说两三年过去了，国新的运营取得了一些经验，但是远远没有达到预期的效果。我认为《决定》应该会促进这个模式的建立或者发展。

笼统地建立现代企业制度，我认为是不现实的。所以说建立现代企业制度适合股份制，适合有限责任公司，适合一些竞争性或者自然垄断行业的竞争性业务，但是对于国有独资企业，我认为可能还要实行准公务员管理。

主持人：我注意到上海市委书记韩正不久之前在回答记者提问的时候也表示，“绝对不会原样照抄淡马锡模式”。

那您刚才提到的所谓准公务员模式指的是什么，您能仔细跟我们解释一下吗？

卫祥云：我们原来在研究的时候提出准公务员和准行政，当时主要还是为分类管理打基础。

我现在跟你讲一下国有企业改革的终极目标，应该是产权清晰、定位准确、公益为主和部分性垄断，从发展方向上看要在大国资统一管理的前提下，彻底退出竞争性领域。当然国有企业改革不可能一蹴而就，必然有一个过程。

原来我们在研究的时候，提出了国有企业改革的五个方面：第一就是分类管理，准确界定不同企业的功能，然后对症下药；第二，大国资统一出资，刚才我也讲了，现在国资委管理的只是一部分国有企业，还有一部分金融类的国有企业，到现在还没有划归国资委管理，而是由中金公司作为出资人在管理，比如中国铁路总公司属于交通运输部，中国烟草总公司属于工信部，从国有企业统一出资的角度看，今后都应该划归国有资产管理委员会管理，这是下一步需要做的；第三是行业监管，因为行业监管跟出资人不一样。文化企业，比如中央电视台，媒体行业也有好多国有企业，还有一部分无形资产都没有经过评估，所以我认为这些企业也应该由国资委统一出资管理；第四是阶段性推进，就是每个阶段的改革要有不同的思路，不同的路径和方法；第五个是产权到民，当然产权到民是国有企业改革目前没有解决的问题，是今后要继续深入研究的一个问题。

在这种情况下，针对不同类型的国有企业，有的要实行准公务员和准行政管理。什么意思呢？很简单。比如说在一些公益性的国有企业，企业经营的好坏与个人能力关系不大，它的效益不是取决于个人的努力。或者换一个角度讲，有些企业是亏损的，它是要为公共服务的。这一部分企业，我认为它的社会责任重于经济效益，在这种情况下，这类企业要实行准行政或者准公务员管理。针对国有企业的高薪问题、腐败问题，老百姓有意见，认为要取消它的行政级别。那我就要问了，这样的企业，不靠行政级别，靠什么管理？

可能有些人对这个概念不太清楚，说国企改革要去行政化。但是，去行政化是一个笼统的概念，不太好操作。当然，竞争性领域的国企完全可以去行政化。

四、国有企业应从竞争性行业全面退出

主持人：您刚才提到了分类，比如在竞争性领域，国有企业需要逐步退出。那您觉得应该从哪个行业开始，标准是什么？

卫祥云：第一个问题可能好回答，就是竞争性领域的国有企业应退出，从方向上一定要明确这个目标。

我曾经在原国家商业部当过司长，是公务员。我们在 1993~2000 年政

府机构改革的时候，成立了一大批公司，都是国有企业，都有几千万甚至上亿资产，但是经过十几二十年的发展，这些企业全都消失得无影无踪了，也就是国有资产全部交了学费。

回过头来讲，为什么这些企业没搞好？因为这些企业大多数属于竞争性领域，比如在商业企业里面，它竞争不过民营企业，这是一方面。我们应该总结出一些经验教训来，不能继续在这方面走了。

另外一方面，据2012年中国企业联合会对中国企业500强的统计，其中国有企业的资产收益率为1.5%，而民营企业的资产收益率达到了3.5%，相差了一半。这两个方面说明国有企业要退出竞争性领域。这是我讲的一个实际例子，一个实际数据，来说明国有企业在竞争领域竞争不过民营企业。

另外国有企业退出竞争性领域，还包括中国银行、工商银行等。

主持人：四大行。

卫祥云：四大行都是国有企业，而且都是国有垄断的，既有行政垄断，也有资源垄断，过去是在不准别人进入的情况下运营的。按照《决定》，今后金融业也是放开的。国家现在已经允许民营企业进入金融行业，今后金融行业就是由银监会、证监会和保监会去监管的了。现在不是有很多民营企业在排队登记嘛，这是一个方面。

比如说我最熟悉的食品行业，肉、菜、糖、调味品、豆制品，这些是人民生活的必需品，现在这个行业中还有一部分国有企业，这个当然也要退出了。还有就是商业领域，除储备粮、棉、肉、糖以外，其他企业可能也要退出。

当然，我认为《决定》中对于改革的表述非常到位，原来我们把国有企业分为三类，认为自然垄断行业属于其中一类，这一次《决定》认为，自然垄断行业中有一部分也属于竞争性业务。

主持人：也就是您认为事实上主管经济的领导人的思维可能已经相当超前了？

卫祥云：对。我们现在的最高决策者思想非常开放，已经看到了国有企业存在的问题。

同时，我认为还有一个方面，可能他们在调研中也发现，国有企业在近几年，尤其在自然垄断行业中应该放开的竞争性业务，有改革回潮的问题，有进一步退两步的问题。比如说最近我去山东能源集团下属的一个矿业集团，有两万多名员工。

主持人：我听说过那个企业。

卫祥云：前几年他们搞了一个股份制的试验，完全是职工入股，后来又退回来了，但是退的时候，没有给人家应该有的补偿，就是说对增值部分没有进行评估，所以职工意见非常大。

可以说我们改革出现了进一步退两步的现象，这个问题可能在下一步会得到纠正。

五、短期内大量国企排队上市的情况不会出现

主持人：刚才您提到了两个问题，我认为可能是比较重要的。第一是产权问题，第二是效率问题。我们首先来看一下产权问题。刚才您也提到

了，就是国有企业改革的退出机制，您觉得上市是不是也是国企改革的方向之一呢？

卫祥云：我们原来研究的时候，过去国有企业上市有些问题，为什么？主要问题就是没有提出分类管理这样一个概念，不管是自然垄断行业、竞争性行业，还是公益性行业，大家都在讲上市可能有好处，一个是能筹到资金，直接融资嘛，当然也不排除圈钱的意图。

主持人：对。

卫祥云：比如中石油，当时每股最高48块钱，现在六七块钱。所以好多股民调侃，“问君能有几多愁，只因买到中石油”。

主持人：对。

卫祥云：是不是所有国有企业都适合上市呢？我认为要打一个问号。

我们的研究是这样，一小部分公益性国有独资企业，不需要上市，因为它不以经济效益为主，它的社会责任重于经济责任，对它的社会效益要求大于经济效益，我认为上市不是这类企业的目的。

反而在自然垄断行业中放开的竞争性业务，我认为企业成熟一个，上市一个，按照证监会的有关规定，按照股市的有关规则去做就行了。如果从国有企业管理本身的角度来讲，上市也是退出的一种形式，有的不一定非要长期持有或者长期控股。比如这一次上海家化，上市以后卖了个好价钱，整体出售划归全民社保基金，不是很好的选择吗？或者说退出以后，用这些资金来还一些地方债务，用于城市建设，也挺好。

主持人：证监会主席肖钢上任之后，宣布要重启IPO，正赶上我们新一轮国企改革，可能有的大型国有企业会上市。那一定会有人担心，其实我已经听到一些人这样的担忧，这样大规模的国企上市，这些企业数量上可能相对来说比较多，有的国有企业确实体量很大，它们上市会不会加重现有的国内资本市场的一些不公现象？就像您刚才说的。

卫祥云：今天股市不是我谈的主要问题，应该说在过去，中国股市存在着“三大顽疾”，一是审批制，二是不分红，三是无退市，这是造成中国股市长期熊市，或者说熊多牛少，或者说股市发展不健康、股民有怨气的一个重大原因。当然了，这次十八届三中全会对股市的改革，主要是放在审批制向注册制过渡上，我认为这是跟国际接轨，进一步规范股市的重大举措。

当然你刚才提的这个问题，我想这种情况可能不会大面积出现。

主持人：就是说这种担忧不会存在？

卫祥云：国有企业排队不会大面积出现，当然现在排队IPO的企业已经很多了。我认为这方面的改革可能还要按照证监会的有关部署，或者说注册制发布以后还要看管理部门怎样管理市场，怎样运作。但是不管怎样，我认为这是一个基础性的改革。

目前，从国有企业改革本身来讲，因为关于深化国有企业改革的指导意见还没有出台，但是国资委黄淑和副主任有一个讲话，基本上透露了国企改革的一些动向，还有抓的一些主要工作。哪些行业的国有企业需要实行国有独资，主要是关系国家安全的；哪些企业要绝对控股，就是关系国计民生的重要领域和关键领域；哪些需要相对控股，像基础产业和高科技产业；哪些需要放开。有一个明确的说法和目标，今后就照这个去做。关于国有企业的分类管理，黄主任提到就是要准确界定不同国有企业的职能，下一步还要结合国有企业分类改革，他认为分类管理可能还要一企一策，采取不同的措施。

对于股市这样一个变化很大的市场，可能还不是很好下定论。

主持人：还有另外一个关于产权的问题，国资委副主任黄淑和也曾在讲话中提到，就是鼓励民资参与国企改革重组，乃至鼓励民资成为国企的股东或大股东。您觉得这可能吗？可能性有多大？

卫祥云：这个问题很难回答，也很好回答。

很难回答就是说可能性，一个民营企业能不能成为国有企业的大股东，要看这个民营企业领导人的能力、水平，还要看这个企业的规模。很好回答就是说，还是要界定分类管理。我们在准确界定了不同国有企业的职能以后，在国有独资领域，民营企业就不可以进入。

关系国民经济命脉和重要领域的这些行业，国家要实行绝对控股，这个也不存在。当然自然垄断领域中的企业实行政企、政资、网络和运营分开以后，凡是国家放开的领域，民营企业完全有可能成为大股东。当然，按照这个思路改下去，只有两种可能：一种是卖了算了，减持嘛，划归全民社保基金，这是很好的办法；一种是作为小弟弟，人家大，就在里面分红，这个还是要看不同的企业吧，一企一策。

主持人：但是有一个问题，就是您提到的分类，在我们过去的改革过程当中，所谓的关系到国计民生的行业，石油也是关系国计民生，金融也是关系国计民生，是不是过去和现在在思路上会有变化？

卫祥云：对，你说的这个非常对。这是应该深入一步的问题，也就是说国有企业过去的管理制度也好，改革也好，比如董事会、股份制，过去就有了。但是，如果不分类，就会带来一个问题，我们很多企业采用的不是真正的现代企业制度，我们的现代企业制度建设是临摹式的，就是说你没有学到真正的关键问题。比如金融行业，我们过去就认为是国家一股独大，不允许民营企业进入，现在国家政策放开了，玻璃门、天花板已经打开了，各种企业可以进入了，通过竞争来取胜，这个很好解释。

还有中石油，采油肯定属于竞争性行业，完全可以委托民营公司去做，但是石油管道肯定需要国家垄断。

主持人：销售终端呢？

卫祥云：销售终端包括进出口，也是今后市场化改革的一个方向。还有电力，比如国家电网，那是国家应该高度控制的。发电厂可能会放开。还有包括煤炭资源，说煤炭属于竞争性行业是不对的，因为资源是国家的，还要解决好探矿权、采矿权的问题，但是在这个问题上，可能国资委还会出台一些具体的指导意见。

六、“混合所有制”提法较虚，与股份制相比无突破

主持人：您刚才提到了，国企改革过程中需要解决一个问题，就是产权清晰的问题，您认为国企改革过程中的产权清晰应该怎么样来实现呢？

卫祥云：我们这次十八届三中全会不是提出来一个混合所有制的概念嘛。

主持人：对。

卫祥云：混合所有制在《决定》中提得比较高，过去没有这样提过。但是我认为在产权清晰方面，过去的股份制就是一个很好的实现形式。因为股份制能够明确界定所有制或者说可以做到产权到人。

所以说在这方面，我倒认为混合所有制和股份制相比没有更大的突破，这是我个人的观点。

主持人：您认为对于国企高管来说，这种激励应该怎样来设置会比较合理?

卫祥云：国有企业高管的激励问题，在过去没有分类管理以前，基本上是说不清楚的，问题非常多。

主持人：百姓的怨气也很大。

卫祥云：对，怨气在哪呢? 就是说有些公益性的行业，我刚才讲了，它不能证明你的经营业绩，还有些公益性的行业，我认为它与行政职务和责任是密切相联系的，所以我提出来准公务员管理。

有些人不理解，说国有企业改革就是去行政化。你看《决定》，提出取消学校、医院和科研单位的行政级别，为什么没有取消国有企业的行政级别? 我是这样认为的，如果说在竞争性行业取消行政级别，按照现在的企业制度管理，董事会管理非常健全，根本就不要规定什么行政职务。分类管理以后在自然垄断行业或者说需要行政垄断的行业，在公益性行业，那只有用行政性的管理。也就是说在这些企业，按照习近平总书记讲的，你要想当官，就别想多挣钱，想多挣钱就不要当官。这是很直接、很简洁的表述。过去大家说实行准公务管理调动不了积极性，这次《决定》中的分类管理会解决这个问题。

主持人：就是说您刚才提到的关系国计民生的领域，以及所谓的公益性的国有企业，已经不作为市场竞争的一个对象，而是作为一个政府机构来设置，是这个意思吗？

卫祥云：准政府机构。当然对它的管理，可能针对高管和基层工作人员会有所不同。比如说高管，我们可以实行准公务、准行政，用行政激励，附之以奖励。公务员是没有奖励的，一年表现好，没有问题，多发一个月工资，而企业可以多给一点奖励。同时，对于基层员工，可以采取计件或者说技术职务聘任制，这样就解决了。

七、建议建立大国资统一管理央企，国民权益基金实现“产权到民”

主持人：目前来说，我们所知道的，大型甚至特大型的国有企业总部都设在北京、上海，特别是北京，那您觉得目前这样的区位设置合理吗？

卫祥云：应该讲你说的特大型的国企，主要指的央企。

主持人：对。

卫祥云：首先我先不说这个合理不合理，最后回答这个问题。

我先说一下《决定》对国有企业改革总目标、总方向的表述很明确，提出分类管理的具体措施也很到位，我们需要认真贯彻执行，有些甚至不需要解读。但同时结合你刚才提的这个问题，我认为从央企来讲，还有两个问题没有提出来，一是《决定》没有提出大国资统一管理。

什么叫大国资统一管理呢？也是我们智石团队早就在研究的，就是说我们现在央企的120多家企业，不包括中国铁路总公司、交通运输部的企业，也不包括中央电视台或者说文化类的国企，由党的机构在管，也没有包括金融类的国有企业，中国银行那么大的体量都没有包括。所以我认为今后从管理国有资产和国有资本这个角度，从统一出资人的角度出发，都应该统统归国资委管理。比如说我们原来没有提出来，《决定》提出来要搞中国的投资公司、运营公司，就是构建国有资产的管理平台。比如说中国银行、工商银行是归中金公司管的，那中金公司以后就可以划给国资委，作为国资委的投资运营公司嘛。所以我们的委托链条就是全国人民—国家—国务院—国资委然后到投资运营公司，这个大国资统一管理一定要明确。

在十八届三中全会召开以前，有人就提议要成立什么金融国资委、卫生国资委等，但这可能就会造成国有资产的分散管理，这是我的意见。所以，首先要大国资统一监管。

二是还没有提出产权到民的问题。讲到这里，我多说一点。因为有些经济学家的观点我不同意，有一部分经济学家认为，国有企业应该私有化，就是把国有资产分给全国人民就行了，我认为这个看法既不可行，也不符合宪法，更做不到，因为13亿人民的资产怎么能够分给每个人呢，现实中是不可操作的。

所以，我们研究认为，有的经济学家提出的关于建立国民权益基金的构想，是解决大国资统一监管和产权到民的一个很好的设计思路。也就是说全国成立国民权益基金会，然后每个省成立一个国民权益基金会，作为出资人，当然，以后国资委就应该归国民权益基金会管，这样管理以后，基金会是代表全国人民的出资人，基金会要求分红，提高比例，那不就好做到了嘛。基金会要求贯彻全民的意志，那不就可以提出它的意见了嘛。

主持人：也设置这样一个机构，一个发言人？

卫祥云：对。可以设发言人，还可以是代言人，这样国资委就作为出资人来进行管理和行业监管，我认为这是《决定》里面没有提到的，但是这个问题也不是国资委能解决的。为了保证国企改革和整个改革顺利进行，现在中央成立了一个高层的全面深化改革领导小组，我认为可能需要高层进一步的顶层设计。

回答你刚才的问题，央企为什么都在北京？过去可能没有人意识到这个问题，您今天提出来很好。当然我的看法是，完全可以有一部分放到外地，放到石家庄、放到廊坊，现在北京这么拥挤，起码解决一些交通问题，又不是说总部必须要在北京，这是我个人的观点，不是我主要研究的内容。

八、从“管理”到“监管”——国资委的双重职能应改变

主持人：您认为需要设置一个大国资，就是说由国资委来主要管理，或者说监管这些包括你们刚才提到有一些部门过去没有纳入国资委的管理范围，今后也应该纳入。但是我很好奇的一个问题就是，之前一些文件中也曾经多次出现国资委的职能，它到底是一个管理职能，还是一个监管职能？

卫祥云：按照目前的职能，我认为应该是既包括出资人，也包括监管人，现在它的职能是管人、管事，还要管任命，包括大企业的老总、董事长，管人、管事、管资产，现在是这样一个结果。我们的设想就是，如果成立了国民权益基金会以后，出资人要代表全国人民，那国资委就成了一个国民权益基金会下边的监管机构了，当然这需要我们的经济体制和政治体制改革配套。

主持人：就是说其实国资委的方向还是应该向单纯的监管过渡?

卫祥云：对。目前来讲，它现在具有双重职能，就是作为国务院的特设机构。所以我认为国资委管理和监管的任务很重。

主持人：一是很重，二是大家对于国资委也会有一些争议，就是说这样国资委的权力是不是更大了，如果它涉及更多的部门或者说企业，谁来管国资委也是一个问题。

卫祥云：这个主要就是我们管理体制的设置或者机构设置的问题，同时还需要有一个制衡的结构，比如说我们提出成立国民权益基金会，它跟国资委可能是一个相互制衡的机构。

但是目前还做不到。同时，我认为，不是说一个机构管得多了，范围大了，就管不过来了。我认为关键还是管理模式或者管理方法的问题，或者说管理职能的改革吧。

主持人：我们回到刚才说到的上海国企改革方案。我注意到上海国企改革方案提出80%以上的国企应集中在新兴产业、新兴制造业与现代服务业、基础设施与民生保障等等，也就是说它涉及了非常多，甚至包括你刚才提到的一些竞争性领域，也提到要在这些领域突出国企，乃至说要发挥国企的优势。您觉得这种表述是不是意味着在未来很长时间之内，至少在上海的这个方案中，国企是很难从市场竞争中退出的?

卫祥云：首先我是这样认为的，刚才你的这个表述，我认为非常不清楚，分类管理的思路也不清晰，它只是说80%的企业分布在这个领域里面，我听了很多是所谓竞争性的或者服务行业。

主持人：对。

卫祥云：按照《决定》的精神，今后大部分是要退出的。

主持人：因为它的原话是这样，就是“将国资委80%以上的国资集中在战略性新兴产业、先进制造业、现代服务业、基础设施与民生保障等关键领域和优势产业”。可能关键领域属于公益性的产业，但是所谓的优势产业，是不是。

卫祥云：我认为目前这个表述，是刚刚开了个头，应该说分类非常不清楚。上海是《决定》出来以后第一个改革的城市，按照目前国资委的部署，我看到黄淑和副主任的讲话，把准确界定不同国有企业职能和分类的问题，作为下一步研究的重点，甚至一企一策。因为这个指导意见还没有出来，我相信会有更细致的研究或者说分类。

九、分类管理实现后自然政企分开，“国进民退”与否是伪命题?

主持人：下面我们要问几个具有争议的问题。

卫祥云：有争议的问题?

主持人：对。比如说有的人认为，我们从80年代就开始提政企分开，但是到现在来看，大家好像对于这一点不是很满意，因为我们看到了一些国企垄断的不公平现象，我注意到您在您的书里面也提到了关于“国进民退”或者“国退民进”的问题，而且您在书里面说，您认为这是一个伪问题，为什么这么说?

卫祥云：我们政企分开早就提出来了，但是说老实话，到现在为止不是那么令人满意，包括“国进民退”也是大家争论的问题。

我是这样认为的，首先国企改革在不同的阶段，要阶段性地推进。每个阶段可能根据国企的改革会有不同的办法和措施出来，但是到目前为止，我《决定》，是国企改革表述得最为清楚，也最有操作性的。刚才你说的这个问题，政企分开，我认为大家期望值太高，说我们早就提了政企分开，这个概念就没搞清楚。现在我还认为，如果对公益性的国有企业，对需要国家绝对控股的企业，不可能政企分开，怎么能政企分开呢？之所以政企分开这个概念大家有疑问，是因为我们对国企没有进行分类管理，今后分类管理以后，这个争议就不会有了。

我过去写过文章，“国退民进”和“国进民退”本身就是伪问题，它是一个资本正常进入和退出的问题，所以这次《决定》发布以后，我认为这个问题就解决了，竞争性领域那肯定是要退出的。公益性行业是不能退的，退了我们现在还要改回去，错误的我们还得纠正。

如果说在公益性行业，过去有些企业上市了，外资进入了，我们今后要纠正，实行国有独资。但同时比如说我们现在有些竞争性行业，国有控股的比例太高，大家都注意到了，这也是重点，国企的红利要上缴30%，实际上这个问题严格地讲，30%也不能一刀切，有的企业就没有赢利，但总体上讲，我认为提出30%的目标有利于倒逼国有企业改革，倒逼企业加强经营管理，上缴红利。

总体上来讲，我认为最大的问题就是今后的国退民进，它要体现在哪个方面？体现在国有不控股，或者国有企业只是在竞争领域参股，或者说像上海家化这样，直接卖掉，不是说从利润里边划给国有企业，上缴社保，而是直接卖掉资产，这是更快、更彻底的改革举措。

主持人：您刚才也提到了国资委副主任黄淑和的一个讲话，他在讲话中也对媒体表示，今后会提高国有资本收益上缴公共财政的比例，甚至到2020年，这个比例会提高到30%。那您怎么看这个上缴比例，这个比例您觉得合适吗？

卫祥云：你要是单纯问这个上缴比例合适吗？我的回答是三个字，不合适。

因为30%也好，70%也好，没有一个固定的标准。到2020年达到30%。这个标准决定提出来以后，我就看到有人质疑了，说为什么是30%，应该是70%、80%，或者100%。

我对这个问题这样看的，首先国有企业的上缴比例到2020年提高到30%，这是我们国企改革阶段性向前推进的一种进步。比过去上缴10%到15%，已经是一个比较大的进步。但同时我又认为，30%的上缴比例不能够一刀切，也就是说有的企业上缴30%可能还不够，有的企业上缴30%可能做不到，所以我认为这可能还需要在分类管理的基础上一企一策，采取一些具体办法。

另外，我认为2020年上缴比例30%，本身是一大进步，还是应该给予一个肯定的评价。因为30%相当于悬在国有企业头上的一把达摩克利斯之剑，能倒逼国有企业加强管理。

主持人：必须要提高效率。

卫祥云：对，必须要提高效率，不提高效率可能就会面临被兼并。当然上缴红利比较吸引眼球，很多人说了，原来由于利益集团的掣肘，不愿意上缴红利，这一次提出来是一个促进，但是还不够。

我倒认为上缴红利只是一个方面，从《决定》可以看出涉及的问题非常多，我认为不仅仅是一个上缴红利的问题。实际上在自然垄断领域中提出“放开竞争性业务”，这一句话我认为对国有资本转持社保基金，或者说减持一部分国有资本，进入到老百姓生活服务的方面，应该说促进更大，起的作用更大，可能一般人体会不到。

比如上海家化，我又举上海家化的例子，因为上海改革走在前面，如果说要上缴红利的话，每年假如赚一千万，30%要交300万，那如果整体卖掉，资金马上就可以划归上海市的社保基金，或者市政府用于民生的其他地方，直接用于民生，这个做法更好，是改革力度比较大的一个方面。

十、落实分类管理涉及利益重新分配，彻底解决需要高层魄力

主持人：我们政策制定过程当中，主要涉及分类问题，但分类管理、

上缴红利，必然涉及利益问题，那分类所涉及的利益问题可能比我们理论上去划分还要难解决得多。您觉得这个问题可能解决吗？怎么解决？

卫祥云：这个问题很好，也很尖锐。就是说上缴红利也好，从竞争性领域退出也好，放开竞争性业务也好，实际上可能会受到一些利益集团的掣肘，这中间不排除全面深化改革领导小组的顶层设计，因为这一次在《决定》里面提出来了，有些要市场起决定性的作用，但是如何贯彻呢？

我认为这就要看改革的执行力。所以说《决定》是一个深得全国人民拥护的纲领性文件。国企改革，表述得非常到位，但是具体的改革还需要加大政策力度，或者说要增强改革的执行力，这也是我们现在面临各种改革和经济转型，我们智石团队要重点研究的问题。其中不排除政治体制改革对经济体制改革的促进作用，不排除利益集团的互相博弈。同时也需要有责任心的研究机构和监督部门，应该向有关部门提出具有执行力的一些意见和建议，来促进更好地贯彻落实《决定》，阻力肯定是有的。

主持人：刚才您提到执行力，我又想到一个问题，就是关于我们新任的国资委主任张毅，我翻看了他的履历，发现他曾经在很长一段时间里在中纪委担任要职，包括中纪委的秘书长、副主任等。外界不免就会猜测，针对国企的新一轮反贪风暴会不会即将来临？您对此怎么看？

卫祥云：这个问题不好回答。当然我是这样认为的，国有企业改革作为国家经济体制改革一个重要的方面，应该说我们的改革到了深水区，可以说国资委的领导负有重要的行政职责，对领会中央精神，怎样贯彻执行有一定的决定作用。

总体我是这样认为的，第一点，我是认为现在国企改革面临一个新的形势，同时也是一个新的起点，因为现在说白了，就是有《决定》这把尚方宝剑，应该说蓝图或者方向比较明确，就是怎样提高我们执行力的问题。在这方面我是这样认为的，形势比人强，制度的作用比个人的作用强。我认为在目前的形势下，《决定》精神应该会得到很好的贯彻。当然对于国资委主任，我就不做评价了，我也不能评价，因为这是组织人事部门的事，我们只是做一些国有企业改革或者国有企业体制改革发展中存在的问题和前瞻性问题的研究，提出来供决策部门参考，同时起一个传播思想和观点的作用。

主持人：关于国企改革的问题，现在思想市场上已经有非常非常多的争论，我记得有一位经济学家告诉我，不管是国资改革，还是国企改革，现在都缺乏一些在政府部门内部的声音，很高兴今天卫主任能够来到这里，以国资委内部人士的身份来更深入地讨论国资改革和国企改革的问题。再次谢谢卫主任。